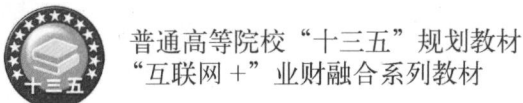

普通高等院校"十三五"规划教材
"互联网+"业财融合系列教材

中小企业会计实训
（第二版）

彭良军　高玉莲　谭晓蓉／主编
杨亚男／副主编

立信会计出版社
LIXIN ACCOUNTING PUBLISHING HOUSE

图书在版编目(CIP)数据

中小企业会计实训／彭良军，高玉莲，谭晓蓉主编．—2版．—上海：立信会计出版社，2023.6
ISBN 978-7-5429-7383-2

Ⅰ.①中… Ⅱ.①彭… ②高… ③谭… Ⅲ.①中小企业—会计 Ⅳ.①F276.3

中国国家版本馆CIP数据核字(2023)第114659号

策划编辑　郭　光　张忠秀
责任编辑　郭　光
助理编辑　张忠秀
美术编辑　吴博闻

中小企业会计实训(第二版)

ZHONGXIAO QIYE KUAIJI SHIXUN

出版发行	立信会计出版社			
地　　址	上海市中山西路2230号	邮政编码	200235	
电　　话	(021)64411389	传　　真	(021)64411325	
网　　址	www.lixinaph.com	电子邮箱	lixinaph2019@126.com	
网上书店	http://lixin.jd.com		http://lxkjcbs.tmall.com	
经　　销	各地新华书店			
印　　刷	上海万卷印刷股份有限公司			
开　　本	787毫米×1092毫米　　1/16			
印　　张	13			
字　　数	185千字			
版　　次	2023年6月第2版			
印　　次	2023年6月第1次			
书　　号	ISBN 978-7-5429-7383-2/F			
定　　价	45.00元			

如有印订差错，请与本社联系调换

第二版前言

我国中小企业在所有企业数量中占比超过了90%,占据了绝对的数量优势。中小企业对GDP的贡献率超过了60%、对税收的贡献率超过了50%、提供了80%以上的城镇就业岗位,中小企业已经成为我国国民经济和社会发展的主力军。然而进入经济新常态后,全球经济增速放缓,劳动力红利逐渐消失,经济向高质量发展转型,中小企业发展面临着严峻的挑战。2020年中央提出了构建以国内大循环为主体、国内国际"双循环"相互促进的新发展格局。此后,"放管服"改革优化营商环境、商事登记制度改革、帮扶中小微企业纾困解难等一揽子政策和接续措施落地见效,中小微企业经济运行保持恢复和回稳态势。2023年1月,国务院促进中小企业发展工作领导小组办公室发布了《助力中小微企业稳增长调结构强能力若干措施》,使4 800多万家中小微企业在"双循环"的新发展格局之下的科技创新主体定位更为突显,中小微企业迎来新的发展机遇。财务合规是支撑公司可持续发展的重要保证,因此,社会对掌握中小企业合规运营的应用型财务会计人才的需求与日俱增。随着市场合规监管制度与会计准则的日益完善,社会对中小企业会计人员的专业素质与实操能力要求将不断提高。为了顺应社会发展需求,会计人员应在加强专业理论的同时,注重实践操作能力的提高。

本书的主要特点表现为以下三个方面。

1. 针对性强。本书立足于应用型本科院校,结合最新出台的会计准则、财税制度改革及社保费改革等变化,采用项目导向型、任务驱动型的教学模块编排内容,重点培养学生中小企业会计业务处理能力。

2. 强化实操。本书配备了会计实训所需要的原始凭证、记账凭证、会计账簿、报表等资料,给出的日常业务资料和相关凭证可以直接剪下供学生实训使用,方便教师教学和学生强化操作技能。

3. 业务完整。本书会计业务的实训项目根据一家中小企业一个会计期间的实际完整业务进行提炼。因此,实训项目中的会计业务保持了中小企业一个会计期间的完整性。同时我们在实训项目设计上尽量提取基础关键业务以匹配学生的学习难度,提高学生的学习兴趣。

本书由彭良军、高玉莲、谭晓蓉担任主编,杨亚男担任副主编。张天舒、焦花花、周蕊、罗浩杰、林银花参与了本书的编写。编写过程中,我们走访了多家中小企业和会计师事务所,并得到这些中小企业和会计师事务所提供的完整会计业务资料。本书相关理论知识将以电子材料的方式提供给学生,有关实训的组织、安排、考核也将以电子材料的方式提供给授课老师。

本书力求切合实际,但由于时间仓促、编者水平有限,加之相关财税政策的不断变化,书中如存在疏漏与不当之处,敬请广大读者批评指正。

编　者

2023 年 3 月

目 录

实训一　中小企业会计实训概述 ·· 1
　模块一　中小企业会计实训的目的与内容 ·· 1
　　一、中小企业会计实训的目的 ··· 1
　　二、中小企业会计实训的内容 ··· 1
　模块二　中小企业会计实训的要求、组织与流程 ······································· 2
　　一、中小企业会计实训的要求 ··· 2
　　二、中小企业会计实训的组织 ··· 2
　　三、中小企业会计实训的流程 ··· 3

实训二　中小企业会计实训理论 ·· 6

实训三　中小企业会计期初初始化实训 ·· 8
　模块一　中小企业会计科目设置 ·· 8
　模块二　期初建账 ·· 11
　　一、账簿体系 ·· 11
　　二、银行账户的开立 ·· 11
　　三、账簿启用登记表 ·· 12
　　四、建立总账 ·· 12
　　五、建立日记账 ··· 13
　　六、建立明细分类账 ·· 13
　　七、账户目录 ·· 15
　　八、粘贴账户标签（口取纸） ··· 15
　　九、粘贴印花税票 ··· 16
　　十、账簿的装订与保管 ··· 16

实训四　中小企业会计日常经济业务处理实训 ··· 17
　任务一　实训模拟公司简介 ··· 17
　　一、公司概况 ·· 17

二、生产经营及会计核算情况 ··· 18
任务二 实训模拟公司期初资料 ··· 19
任务三 本期经济业务 ··· 22
  一、本期经济业务 ·· 22
  二、业务对应原始凭证 ·· 27

部分实验耗材示例 ·· 161

实训一 中小企业会计实训概述

模块一 中小企业会计实训的目的与内容

一、中小企业会计实训的目的

会计实训可以培养学生的会计业务处理能力,使其能够比较系统地掌握中小企业会计核算的基本程序和具体操作方法;加强学生对会计基本理论的理解、基本方法的运用和基本技能的训练,达到理论知识与会计实务的统一;培养学生严谨的工作态度和敬业精神;提高学生记账、算账、报账等实际操作的能力,为他们毕业走上工作岗位后,缩短"适应期",胜任会计工作打下扎实的基础。

本书以某工业企业为背景,以典型业务为主线,设计了从建账到日常会计业务核算,核算产品成本,计算净利润,进行利润分配到编制会计报表全过程的经济业务。通过实际操作,使学生掌握填制和审核原始凭证、记账凭证,登记账簿,成本计算,财产清查和编制会计报表等会计工作的技能和方法,而且能够亲身体验出纳员、财产物资核算员、工资核算员、资金核算员、往来结算员、成本费用核算员、财务成果核算员、总账报表员、稽核员、档案管理员、会计主管人员等会计工作岗位的具体工作,从而对企业的会计核算全过程有一个比较系统、完整的认识,最终达到对会计理论和实践融会贯通的目的。

二、中小企业会计实训的内容

中小企业会计实训的内容即学生进行的手工账练习,按照账务处理流程将实训内容划分为建立总账、明细账簿,手工填制日常业务处理生成的凭证、审核凭证、编制科目汇总表、登记账簿、编制资产负债表和利润表等,具体内容如表1-1所示。

表1-1 中小企业会计实训项目内容

序号	实训项目	实训主要内容
1	建账	根据模拟企业的期初资料,正确开设总分类账、明细分类账、现金日记账和银行存款日记账,并登记期初余额
2	填制和审核原始凭证	根据本期发生的有关经济业务,正确填制和审核原始凭证
3	编制和审核记账凭证	根据原始凭证正确编制和审核记账凭证
4	登记日记账	根据记账凭证逐笔登记日记账

(续表)

序号	实训项目	实训主要内容
5	登记明细分类账	根据原始凭证、记账凭证登记明细分类账
6	编制科目汇总表	根据记账凭证登记丁字账户,并结出各账户的本期发生额合计数,准确无误地编制科目汇总表
7	登记总分类账	根据科目汇总表登记总分类账
8	对账、结账	正确地对账和结账
9	编制会计报表	根据记账凭证、会计账簿编制资产负债表和利润表
10	会计档案整理	整理、装订会计凭证、会计账簿和会计报表
11	实训总结	将实训体会、收获和建议等撰写成实训报告

模块二 中小企业会计实训的要求、组织与流程

一、中小企业会计实训的要求

(一) 对实训学生的要求

学生是中小企业会计实训的主体,在进行实训时,学生应将自己定位为会计人员。具体要求如下:

(1) 实训态度要端正,目的要明确,作风要扎实,操作要认真。

(2) 实训前应全面复习课程所学内容,掌握相关理论知识。

(3) 操作过程应符合会计基础工作规范,账务处理要正确,会计凭证、会计账簿、会计报表项目的填制要准确、完整,文字、数字书写要清晰、工整、规范,操作若出现错误必须按规定方法进行更正。

(4) 进行模拟实训操作,应由学生独立完成,并写出实训报告,进一步熟悉、掌握有关制度,提高其财经应用文写作能力。

(二) 对实训条件及耗材的要求

(1) 实训要求统一使用模拟会计凭证、账页及会计报表格式。

(2) 实训结束后,所有原始凭证或原始凭证汇总表均作为记账凭证的附件。

(3) 记账凭证按通用记账凭证顺序编号,折叠整齐,按照装订凭证的规定加具封面,注明单位名称、年度、月份和起讫日期,并由装订人签名或盖章。应将各种账页按不同格式(或类别)装订成册,附上账簿启用登记表。全部会计报表附上会计报表封面,注明单位名称、年度、月份,并签章。

(4) 所有会计档案应妥善保管。

二、中小企业会计实训的组织

学生实训结束,要提交装订好的记账凭证、相关账簿与财务报表,并完成2 000字左右的

实训总结报告。实训总结报告应格式规范、观点明确,真实地反映实训的体会与收获。

三、中小企业会计实训的流程

(一) 做好实训准备

(1) 掌握基本的会计核算原理和方法。学生在进行会计实训前,应该已经学习了"基础会计""中级财务会计"和"成本会计"等课程的专业知识,系统掌握了企业会计准则关于会计要素确认、计量、记录和报告的原则和方法,对会计核算流程有了大体认识,并能将课堂上学到的凭证、账簿、报表等知识与实务要求结合起来。

(2) 实训器材准备。学生在进行会计手工实训前,必须准备必要的器材,包括计算器,蓝色、黑色和红色墨水及钢笔、铅笔、剪刀、胶水、曲别针、装订线、尺子、相关印章、各类空白记账凭证、会计账簿和会计报表等。

(二) 认知模拟企业

了解模拟企业的基本情况,包括主营业务、产品种类、生产工艺流程以及企业的组织结构等基本内容。

了解企业的会计机构设置及岗位分工。在企业整体的机构设置中,了解会计机构的组织架构,了解企业会计岗位的设计及分工,明确各会计岗位的工作职责,分析现有会计人员的分工与内部牵制。

了解企业的各项会计制度,主要包括采用的账务处理程序,各项会计政策与会计估计,具体业务办理的审批手续与业务流程,以及现金、空白票据与印鉴等管理制度和其他制度。

(三) 开设账户并登记有关账户的期初余额

(1) 根据企业设置的会计科目开设账户。分别开设总分类账、日记账和明细分类账。总分类账和日记账采用三栏式,明细分类账根据需要分别采用三栏式、数量金额式和多栏式。

(2) 在总分类账、日记账和明细分类账中登记账户的期初余额。

(四) 根据企业发生的经济业务进行日常账务处理

(1) 根据原始凭证和原始凭证汇总表编制记账凭证。

(2) 根据收款凭证和付款凭证逐日逐笔登记现金日记账和银行存款日记账。

(3) 根据各种记账凭证及所附原始凭证、原始凭证汇总表逐笔登记明细分类账。

(4) 根据记账凭证定期(10 天)编制科目汇总表。

(5) 根据科目汇总表登记总分类账。

(6) 月末,将现金日记账、银行存款日记账和各种明细分类账的余额与总分类账的余额进行核对。

(7) 月末,根据总分类账和明细分类账的资料编制会计报表。

(五) 会计资料的装订与保管

会计凭证、账簿、报表作为记录和反映企业经济业务的历史资料和凭据,是非常重要的会计档案,必须定期整理、装订、形成会计档案,并妥善保管。

知识拓展

企业财务会计制度备案如表1-2所示。

表1-2 企业财务会计制度备案表

纳税识别号		纳税人名称（公章）	
企业经办人		企业负责人	
报告日期			
备案内容			
资料	名称		备注
财务、会计制度			
低值易耗品摊销方法			
折旧方法	直线折旧法	平均年限法	
成本核算方法			
会计核算软件			
会计报表			
记账本位币		会计年度	
税务机关经办人		税务机关负责人	
受理日期			

企业财务会计制度备案填表说明如下：

根据《中华人民共和国税收征收管理办法》第二十条、《中华人民共和国税收征收管理办法实施细则》第二十四条的相关规定：从事生产、经营的纳税人应当自领取税务登记证件之日起15日内，将其财务、会计制度或者财务、会计处理办法报送主管税务机关备案。

纳税人未按照规定将财务、会计制度或者财务、会计处理办法和会计核算软件报送税务机关备查的，由主管税务机关依照《中华人民共和国税收征收管理办法》第六十条的规定进行处罚。

纳税人应根据自身的财务会计制度、编报的财务报表如实填写本表并在加盖单位公章后报送主管税务机关。

具体项目填写说明：

(1) 低值易耗品摊销方法包括：①一次摊销法；②分期摊销法；③五五摊销法。

(2) 折旧方法大类包括：①直线折旧法；②加速折旧法。

直线折旧法小类包括：①平均年限法；②工作量法。

加速折旧法小类包括：①双倍余额递减法；②年数总和法；③盘算法；④重置法；⑤偿债基金法；⑥年金法；⑦其他加速折旧法。

折旧方法为加速折旧法的必须在备注栏填写具体说明。

(3) 会计报表包括:2019版资产负债表、2019版损益表(利润表)、2019版现金流量表、2019版所有者权益(股东权益)变动表。

(4) 会计年度:指填写备案表时的会计年度。

(5) 如备案表中的项目发生变化后,应及时将变更情况报主管税务机关备案。

实训二 中小企业会计实训理论

中小企业是指经营规模小、在所处行业中不占主导地位、对所处行业的影响较小的企业。我国中小企业指的是在中华人民共和国境内依法设立的、符合《中小企业划型标准规定》中小型企业标准的企业。根据《中华人民共和国中小企业促进法》和《国务院关于进一步促进中小企业发展的若干意见》,将中小企业划分为中型、小型、微型 3 种类型,具体标准根据企业从业人员、营业收入、资产总额等指标,结合行业特点制定。适用的行业包括农、林、牧、渔业,工业(包括采矿业,制造业,电力、热力、燃气及水生产和供应业),建筑业,批发业,零售业,交通运输业(不含铁路运输业),仓储业,邮政业,住宿业,餐饮业,信息传输业,软件和信息技术服务业,房地产开发经营,物业管理,租赁和商务服务业,其他行业等。具体划分标准如表 2-1 所示。

表 2-1 中小企业的具体划型标准

行业名称	指标名称	计量单位	大型	中型	小型	微型
农、林、牧、渔业	营业收入(Y)	万元	$Y \geqslant 20\ 000$	$500 \leqslant Y < 20\ 000$	$50 \leqslant Y < 500$	$Y < 50$
工业	从业人员(X)	人	$X \geqslant 1\ 000$	$300 \leqslant X < 1\ 000$	$20 \leqslant X < 300$	$X < 20$
	营业收入(Y)	万元	$Y \geqslant 40\ 000$	$2\ 000 \leqslant Y < 40\ 000$	$300 \leqslant Y < 2\ 000$	$Y < 300$
建筑业	营业收入(Y)	万元	$Y \geqslant 80\ 000$	$6\ 000 \leqslant Y < 80\ 000$	$300 \leqslant Y < 6\ 000$	$Y < 300$
	资产总额(Z)	万元	$Z \geqslant 80\ 000$	$5\ 000 \leqslant Z < 80\ 000$	$300 \leqslant Z < 5\ 000$	$Z < 300$
批发业	从业人员(X)	人	$X \geqslant 200$	$20 \leqslant X < 200$	$5 \leqslant X < 20$	$X < 5$
	营业收入(Y)	万元	$Y \geqslant 40\ 000$	$5\ 000 \leqslant Y < 40\ 000$	$1\ 000 \leqslant Y < 5\ 000$	$Y < 1\ 000$
零售业	从业人员(X)	人	$X \geqslant 300$	$50 \leqslant X < 300$	$10 \leqslant X < 50$	$X < 10$
	营业收入(Y)	万元	$Y \geqslant 20\ 000$	$500 \leqslant Y < 20\ 000$	$100 \leqslant Y < 500$	$Y < 100$
交通运输业	从业人员(X)	人	$X \geqslant 1\ 000$	$300 \leqslant X < 1\ 000$	$20 \leqslant X < 300$	$X < 20$
	营业收入(Y)	万元	$Y \geqslant 30\ 000$	$3\ 000 \leqslant Y < 30\ 000$	$200 \leqslant Y < 3\ 000$	$Y < 200$
仓储业	从业人员(X)	人	$X \geqslant 200$	$100 \leqslant X < 200$	$20 \leqslant X < 100$	$X < 20$
	营业收入(Y)	万元	$Y \geqslant 30\ 000$	$1\ 000 \leqslant Y < 30\ 000$	$100 \leqslant Y < 1\ 000$	$Y < 100$

(续表)

行业名称	指标名称	计量单位	大型	中型	小型	微型
邮政业	从业人员(X)	人	$X \geqslant 1\,000$	$300 \leqslant X < 1\,000$	$20 \leqslant X < 300$	$X < 20$
	营业收入(Y)	万元	$Y \geqslant 30\,000$	$2\,000 \leqslant Y < 30\,000$	$100 \leqslant Y < 2\,000$	$Y < 100$
住宿业	从业人员(X)	人	$X \geqslant 300$	$100 \leqslant X < 300$	$10 \leqslant X < 100$	$X < 10$
	营业收入(Y)	万元	$Y \geqslant 10\,000$	$2\,000 \leqslant Y < 10\,000$	$100 \leqslant Y < 2\,000$	$Y < 100$
餐饮业	从业人员(X)	人	$X \geqslant 300$	$100 \leqslant X < 300$	$10 \leqslant X < 100$	$X < 10$
	营业收入(Y)	万元	$Y \geqslant 10\,000$	$2\,000 \leqslant Y < 10\,000$	$100 \leqslant Y < 2\,000$	$Y < 100$
信息传输业	从业人员(X)	人	$X \geqslant 2\,000$	$100 \leqslant X < 2\,000$	$10 \leqslant X < 100$	$X < 10$
	营业收入(Y)	万元	$Y \geqslant 100\,000$	$1\,000 \leqslant Y < 100\,000$	$100 \leqslant Y < 1\,000$	$Y < 100$
软件和信息技术服务业	从业人员(X)	人	$X \geqslant 300$	$100 \leqslant X < 300$	$10 \leqslant X < 100$	$X < 10$
	营业收入(Y)	万元	$Y \geqslant 10\,000$	$1\,000 \leqslant Y < 10\,000$	$50 \leqslant Y < 1\,000$	$Y < 50$
房地产开发经营	营业收入(Y)	万元	$Y \geqslant 200\,000$	$1\,000 \leqslant Y < 200\,000$	$100 \leqslant Y < 1\,000$	$Y < 100$
	资产总额(Z)	万元	$Z \geqslant 10\,000$	$5\,000 \leqslant Z < 10\,000$	$2\,000 \leqslant Z < 5\,000$	$Z < 2\,000$
物业管理	从业人员(X)	人	$X \geqslant 1\,000$	$300 \leqslant X < 1\,000$	$100 \leqslant X < 300$	$X < 100$
	营业收入(Y)	万元	$Y \geqslant 5\,000$	$1\,000 \leqslant Y < 5\,000$	$500 \leqslant Y < 1\,000$	$Y < 500$
租赁和商务服务业	从业人员(X)	人	$X \geqslant 300$	$100 \leqslant X < 300$	$10 \leqslant X < 100$	$X < 10$
	资产总额(Z)	万元	$Z \geqslant 120\,000$	$8\,000 \leqslant Z < 120\,000$	$100 \leqslant Z < 8\,000$	$Z < 100$
其他未列明行业	从业人员(X)	人	$X \geqslant 300$	$100 \leqslant X < 300$	$10 \leqslant X < 100$	$X < 10$

实训三 中小企业会计期初初始化实训

模块一 中小企业会计科目设置

《小企业会计制度》与《小企业会计准则》会计科目转换如表 3-1 所示。

表 3-1 《小企业会计制度》与《小企业会计准则》会计科目对照表

《小企业会计制度》会计科目			《小企业会计准则》会计科目		
顺序号	编号	会计科目名称	顺序号	编号	会计科目名称
一、资产类			一、资产类		
1	1001	现金	1	1001	库存现金
2	1002	银行存款	2	1002	银行存款
3	1009	其他货币资金	3	1012	其他货币资金
4	1101	短期投资	4	1101	短期投资
5	1102	短期投资跌价准备			
6	1111	应收票据	5	1121	应收票据
7	1121	应收股息	8	1131	应收股利
			9	1132	应收利息
8	1131	应收账款	6	1122	应收账款
			7	1123	预付账款
9	1133	其他应收款	10	1221	其他应收款
10	1141	坏账准备			
			11	1401	材料采购
11	1201	在途物资	12	1402	在途物资
12	1211	材料	13	1403	原材料
			14	1404	材料成本差异
13	1231	低值易耗品	18	1411	周转材料
14	1243	库存商品	15	1405	库存商品

(续表)

《小企业会计制度》会计科目			《小企业会计准则》会计科目		
顺序号	编号	会计科目名称	顺序号	编号	会计科目名称
一、资产类			一、资产类		
15	1244	商品进销差价	16	1407	商品进销差价
16	1251	委托加工物资	17	1408	委托加工物资
17	1261	委托代销商品			
18	1281	存货跌价准备			
19	1301	待摊费用			
			19	1421	消耗性生物资产
20	1401	长期股权投资	21	1511	长期股权投资
21	1402	长期债权投资	20	1501	长期债券投资
22	1501	固定资产	22	1601	固定资产
23	1502	累计折旧	23	1602	累计折旧
25	1603	在建工程	24	1604	在建工程
24	1601	工程物资	25	1605	工程物资
26	1701	固定资产清理	26	1606	固定资产清理
			27	1621	生产性生物资产
			28	1622	生产性生物资产累计折旧
27	1801	无形资产	29	1701	无形资产
			30	1702	累计摊销
28	1901	长期待摊费用	31	1801	长期待摊费用
			32	1901	待处理财产损溢
二、负债类			二、负债类		
29	2101	短期借款	33	2001	短期借款
30	2111	应付票据	34	2201	应付票据
31	2121	应付账款	35	2202	应付账款
			36	2203	预收账款
32	2151	应付工资	37	2211	应付职工薪酬
33	2153	应付福利费			
34	2161	应付利润	40	2232	应付利润
35	2171	应交税金	38	2221	应交税费
36	2176	其他应交款			

(续表)

《小企业会计制度》会计科目			《小企业会计准则》会计科目		
顺序号	编号	会计科目名称	顺序号	编号	会计科目名称
二、负债类			二、负债类		
			39	2231	应付利息
37	2181	其他应付款	41	2241	其他应付款
38	2191	预提费用			
39	2201	待转资产价值			
			42	2401	递延收益
40	2301	长期借款	43	2501	长期借款
41	2321	长期应付款	44	2701	长期应付款
三、所有者权益类			三、所有者权益类		
42	3101	实收资本	45	3001	实收资本
43	3111	资本公积	46	3002	资本公积
44	3121	盈余公积	47	3101	盈余公积
45	3131	本年利润	48	3103	本年利润
46	3141	利润分配	49	3104	利润分配
四、成本类			四、成本类		
47	4101	生产成本	50	4001	生产成本
48	4105	制造费用	51	4101	制造费用
			52	4301	研发支出
			53	4401	工程施工
			54	4403	机械作业
五、损益类			五、损益类		
49	5101	主营业务收入	55	5001	主营业务收入
50	5102	其他业务收入	56	5051	其他业务收入
51	5201	投资收益	57	5111	投资收益
52	5301	营业外收入	58	5301	营业外收入
53	5401	主营业务成本	59	5401	主营业务成本
54	5402	主营业务税金及附加	61	5403	营业税金及附加
55	5405	其他业务支出	60	5402	其他业务成本
56	5501	营业费用	62	5601	销售费用
57	5502	管理费用	63	5602	管理费用

(续表)

《小企业会计制度》会计科目			《小企业会计准则》会计科目		
顺序号	编号	会计科目名称	顺序号	编号	会计科目名称
五、损益类			五、损益类		
58	5503	财务费用	64	5603	财务费用
59	5601	营业外支出	65	5711	营业外支出
60	5701	所得税	66	5801	所得税费

模块二 期初建账

阅读和熟悉与建账有关的资料,并依据这些资料建立总分类账、现金日记账和银行存款日记账、明细分类账等各种账簿。

【实训目的】
(1) 学会账簿启用登记表的填写方法。
(2) 根据总分类账与日记账的特点、格式和基本结构,正确开设总分类账和日记账。
(3) 根据明细分类账的特点、种类、格式及基本结构,正确选用相应格式的明细分类账,正确开设明细分类账。

【实训任务】
(1) 填写账簿启用登记表。
(2) 粘贴印花税票。
(3) 建立总分类账、各种明细分类账和日记账。
(4) 填写账户目录。
(5) 粘贴账户标签(口取纸)。
(6) 装订活页式账簿。

【实训步骤】
建账就是建立账簿体系,登记各账户期初余额,为进一步进行账务处理做准备。

【实训指导】

一、账簿体系

账簿要根据各个企业规模的大小、经济业务的繁简和管理的实际需要而设定。一般而言,一个企业至少应设置4种账簿,包括现金日记账、银行存款日记账、总分类账、明细分类账。除此之外,企业还可以根据需要建立一些辅助性备查账簿,如租赁固定资产登记簿、空白凭证领用登记簿等。

二、银行账户的开立

单位银行结算账户按用途不同,主要分为基本存款账户、一般存款账户、专用存款账户和临时存款账户等。下面简要介绍基本存款账户和一般存款账户的开立。

1. 基本存款账户的开立

基本存款账户是存款人的主办账户,是开立其他银行结算账户的前提。新设企业自取得营业执照、办理税务登记后,需前往银行办理基本存款账户开户,便于企业办理存款及日常经营结算。一个单位只能选择一家银行的一个营业机构开立基本存款账户。

企业法人开立银行基本存款账户需要的证明文件是营业执照正本、法定代表人身份证原件及复印件、财务联系人身份证原件及复印件、公章、财务章、法人私章、房租租赁凭证或房产证等。在企业按要求填写完开户申请书后,符合开立基本账户存款条件的,银行应将相关的文件提交给央行备案。

2. 一般存款账户的开立

一般存款账户是指存款人因借款或其他结算需要,在基本存款账户开户银行以外的银行营业机构开立的银行结算账户。

开立银行一般存款账户一般需要的证明文件有:①开立基本存款账户规定的证明文件;②基本存款账户开户证明;③企业因向银行借款需要,出具的借款合同或企业因其他结算需要,出具的有关证明。企业申请开立一般存款账户的,在准备好相应的证明文件后,还需填制开户申请书,送交盖有存款人印章的印鉴卡片,经银行审核同意后,即可开立该账户。

三、账簿启用登记表

启用会计账簿时,应当在账簿封面上写明单位名称和账簿名称。在账簿扉页上应当附启用表,内容包括:启用日期、账簿页数(活页式账簿,可于装订时填写起止页数)、记账人员和会计机构负责人、会计主管人员姓名,加盖名章和单位公章。记账人员或者会计机构负责人、会计主管人员调动工作时,应当注明交接日期、接办人员或者监交人员姓名,并由交接双方人员签名或者盖章。

四、建立总账

独立核算的中小企业都必须设置总账,而且应以《小企业会计准则》中规定的企业会计科目为依据。总账一般采用订本式账,选用三栏式账页,由"科目""日期""凭证""摘要""借方""贷方""借或贷"与"余额"等栏目组成。

1. 资产类总账

资产类账户的余额一般在借方,如货币资金各账户、存货各账户等。但也有一些资产类账户,其余额在贷方,如"累计折旧"账户,"固定资产清理"等账户也有可能出现贷方余额。

2. 负债类总账

负债类账户的余额一般在贷方,如"短期借款""应付票据"等账户。但有些负债类账户,如"应交税费""预收账款"等,也可能出现借方余额。

3. 所有者权益类总账

所有者权益类账户的余额一般在贷方,如"实收资本""资本公积"等账户,但部分所有者权益类账户,如"利润分配"账户的期末余额可能在借方,表示尚未弥补的亏损。

4. 成本类总账

成本类账户主要包括"生产成本""制造费用"等账户,其中,"生产成本"账户余额一般在借方,表示期末尚未完工的在产品成本;"制造费用"账户一般无余额。

5. 损益类总账

损益类账户包括"主营业务收入""主营业务成本""销售费用""管理费用""财务费用"等账户。在每期期末,应将损益类各账户的本期发生额转入"本年利润"账户,因此,此类账户期末无余额。

五、建立日记账

日记账是用来逐日逐笔连续记录经济业务的账簿,日记账分为现金日记账和银行存款日记账。

设置日记账应采用订本账,常用的账页格式为三栏式账页。其中,银行存款日记账应按开户银行名称、账号设置,有外币存款的企业应分别按人民币和各种外币设置双栏借贷式银行存款日记账进行序时登记。

六、建立明细分类账

1. 三栏式明细账

三栏式明细账的格式与三栏式总账相同,也使用"借方""贷方""余额"三栏式账页,适用于只需进行金额核算,不需对实物数量核算的账户,如"应收账款""短期借款""应付账款""长期借款""实收资本"等。

(1) 在其他货币资金明细账中,外埠存款按外埠存款开户行设置;银行汇(本)票、信用证按收款单位设置;在途货币资金按汇出单位设置。

(2) 应收票据明细账按票据种类或购货及接受劳务的单位设置,并设置"应收票据备查簿",逐笔登记每一应收票据的种类、号数和出票日期、票面金额、合同交易号和付款人、承兑人、背书人的姓名或单位名称、到期日和利率、贴现日期、贴现率和贴现净额,以及收款日期和收回金额等资料。

(3) 应收账款、预收账款明细账应按购货或接受劳务的单位设置,并设置委托收款登记簿。

(4) 预付账款、应付账款明细账应按供应单位名称设置。

(5) 其他应收款、其他应付款明细账应按类别和单位或个人设置。

(6) 在原材料、库存商品明细账中,可按存货类别设置三栏式二级明细账,也可按存货的保管地点(仓库)、存货类别、品种和规格设置数量金额式明细账。

(7) 在固定资产明细账中,按固定资产类别设置三栏式明细账,在明细科目下应设置

"固定资产登记簿"和"固定资产卡片"。

（8）短期借款、长期借款明细按债权人、借款种类设置，并应注明借入和归还日期。

（9）应付票据明细账按票据种类或供应单位设置，并设置应付票据备查簿。

（10）应交税费明细账按税费种类设置。

（11）实收资本明细账按投资人设置。

（12）资本公积明细账按资本公积形成的类别设置。

2. 数量金额式明细账

数量金额式明细分类账账页，也采用"借方""贷方"和"结存"三栏式的基本结构，但在每栏下面又分别设置"数量""单价"和"金额"三个小栏目。这种格式适用于既需要进行金额核算，又需要进行具体的实物数量核算分析的各种财产物资账户，如"原材料""周转材料""库存商品"等账户。

3. 多栏式明细账

多栏式明细分类账是根据经济业务的特点和经营管理的需要，在借方、贷方或其中某一方增设若干分析栏目，所以又称分析性明细账，具体又有借贷式和合计式两种。

借贷式主要适用于资产、负债、所有者权益类账户，其格式是在借、贷、余三方各设专栏，以起到分析、控制作用，如"应交税费——应交增值税"明细账。

合计式主要适用于成本类、损益类（收入和费用类）账户，其特点是对账户核算的内容列示出进一步分类的项目，如"管理费用"明细账无论是借贷式还是合计式多栏明细账，建账方法是基本相同的。

（1）建立借贷式多栏明细账。建立"应交税费——应交增值税"明细账时，借方分析栏设置"进项税额""已交税金""转出未交增值税"等栏目，贷方分析栏设置"销项税额""进项税额转出""转出多交增值税"等栏目。

（2）建立合计式多栏明细账。按以下三种情况处理。

① 建立多栏式明细账的关键在于对金额分析栏明细项目的填制，一般而言，按项目发生的频繁程度从左至右填写，其中：主要项目单独反映，非主要项目可以合并反映，记入"其他"中。如"制造费用"明细账，在借方金额分析栏按照企业通常所涉及的制造费用具体内容依次填写"职工薪酬""折旧费""物料消耗""水电费"等项目，在最后栏目填写"其他"。

如果建立收益类账户多栏式明细账，确定金额分析栏项目时，应先把"借"字划去，在括号里写上"贷"字，表示进行贷方金额分析。

制造费用明细账按不同的车间、部门设置账页，并按费用项目设置专栏。

主营业务收入、主营业务成本明细账按产品类别（或劳务）设置专栏。

销售费用、财务费用、营业外支出明细账按费用项目设置专栏。

税金及附加明细账按产品类别（或劳务）设置，并按税种设置专栏。

管理费用明细账按照各管理部门设置，并按费用项目设置专栏。

营业外收入明细账按收入项目设置专栏。

② 为了能详细地反映成本构成内容,生产成本明细账采用合计式多栏明细账。其特点是在"成本项目"下开设"直接材料""直接人工""制造费用"专栏,如果当期某费用项目发生数额较大,可在"制造费用"后单独开设专栏,如"燃料及动力""废品损失"等。"成本项目"各专栏金额之和等于"借方发生额"。

生产成本明细账按基本生产车间、辅助生产车间和成本计算对象设置,并按规定的成本项目设置专栏。

③ 固定资产登记账簿按使用保管部门设置,并按固定资产类别设置专栏,根据固定资产增减和内部转移的凭证登记。通过固定资产登记簿可以了解各车间、部门固定资产的增减变动及构成情况,并为按部门分类计算固定资产折旧提供依据。

固定资产账户应设置专用明细账或三栏式明细账,并在明细科目下设置"固定资产登记"或"固定资产卡片",按固定资产类别、使用部门和每项固定资产进行明细核算。临时租入固定资产可另设备查簿进行登记,不应包括在"固定资产"科目内。

4. 横线登记式明细账

在途物资明细账可以按供应单位采用三栏式账页,也可以采用横线登记式账页。如果采用横线登记式账页,其格式是分为"收料栏"和"付款栏"两栏,其登记方法主要是在同一行内,"付款栏"登记物资实际采购成本,"收料栏"登记物资入库情况。凡在"付款栏"与"收料栏"都有记录的,说明该项购货业务已经结束,如果只有"付款栏"记录,"收料栏"没有记录,就是在途物资,这样能够充分反映物资的采购成本构成及入库情况。

采用横线登记法逐笔登记,即按照记入"收料栏"的付款或转账凭证的时间、编号顺序,逐笔逐行进行登记。每笔收料与其相应的付款或转账业务,要在同一行内登记。月终,对已按发票、账单付款,但尚未收到的在途材料,应结出余额并转入下月份在途物资明细账。

七、账户目录

账户目录用于记明每个账户的名称和页次。财会人员应根据会计科目的类别按顺序建账。账户目录可在建账之前填写,也可在建账之后填写。

启用订本式账簿,应当从第一页到最后一页顺序编定页数,不得跳页、缺号。由于账页固定,不能增加或删除账页,必须充分估计好实际需要,保留空白账页,保证账户登记的连续性。

使用活页式账页,应当按账户顺序编号,并需定期装订成册。装订后再按实际使用的账页顺序编定页码,另加目录,记明每个账户的名称和页次。活页式账页编号的具体方法是:按账户顺序编列分页号,一个账户编一个号,如一个账户记载两页以上账页时,可在"分页号"后加编附号。如某账户的分页号为 20 号,有 5 页账页,分页号则编定为:20-1、20-2、20-3、20-4、20-5。

八、粘贴账户标签(口取纸)

为了便于查阅和加快登记账目的速度,除在账页上端填写总账科目和子目(或户名)

外,可在账页的右侧粘贴账户标签。通常情况,可按一级科目或二级科目粘贴,只需在口取纸左右两边写明账户名称即可,如"其他应收款——应收个人款"。但是不要在活页账的每页账页都贴口取纸,贴满了反而会造成不便,三级明细科目可在账簿首页设置目录。

九、粘贴印花税票

根据税法规定,企业在启用营业账簿时应缴纳印花税。营业账簿计算、缴纳印花税税额的方法如下。

(1) 记载资金的账簿,按实收资本(或股本)和资本公积两项合计金额的 0.5‰(目前减半)贴花,如果两项的合计金额大于原已贴花资金的,就增加的部分补贴印花。启用新账簿时,资金未增加的,不再按件定额贴花。

(2) 其他账簿,按账簿的件数纳税,每件定额贴花 5 元(从 2018 年 5 月 1 日起免征)。

十、账簿的装订与保管

每本账簿封面的颜色同一年应力求一致,每年更换一色,便于区别年度,方便使用。账簿内部应编好目录,建立索引。旧账簿归档保管时,不要把账夹取掉,以免造成找账、查账不便。

会计年度终了应将账簿装订成册。活页账要编好科目目录、页码、加具封皮或账夹,用账绳系死。然后在账簿封皮上写明账簿的种类、单位、时间,在账簿的脊背上写明账簿的种类、时间。

实训四 中小企业会计日常经济业务处理实训

任务一 实训模拟公司简介

一、公司概况

实训模拟公司是一家工业制造型高新技术企业。具体信息如下：

公司名称：深圳市安护智能科技有限公司
公司地址：深圳市南山区科技园南区深圳数字技术园
联系电话：0755-86006635
经营范围：研发、生产及销售A产品和B产品
基本存款账户：中国工商银行南山支行 4402027564523892436
一般存款账户：中国建设银行南山支行 4403052002030576 8954
纳税人识别号：524403042190432751
法定代表人：王晓岚
岗位人员：财务主管：周祥名　　出纳：刘子双
　　　　　会计：李凯　　　　仓库制单：陈良松
　　　　　仓库验收：张贵军　入库单审核：王淮
　　　　　仓库发货：刘坤

公司组织结构如图4-1所示。

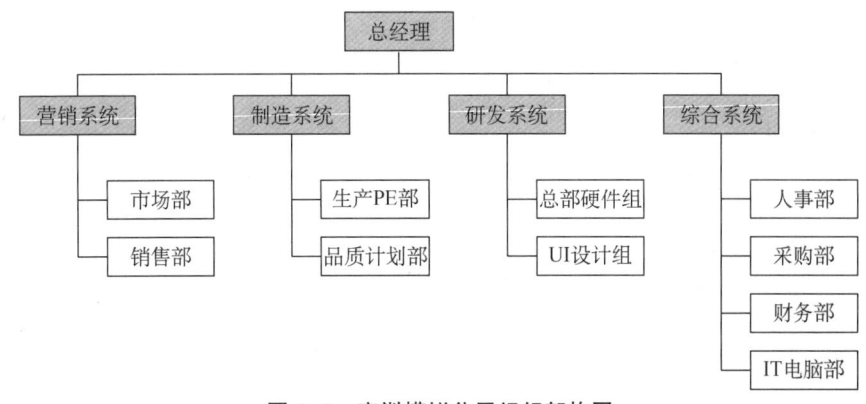

图4-1 实训模拟公司组织架构图

二、生产经营及会计核算情况

1. 生产经营情况

公司注册资金为人民币(下同)2 000万元,实行独立核算,拥有软件著作权,享受软件业即征即退增值税优惠政策。

公司有一条生产线,生产A产品和B产品,产成品存放在成品仓库。生产A产品所用原材料有甲、乙、丙三种;生产B产品所用原材料有乙、丙两种。原材料均存放在原材料仓库。

2. 会计核算情况

公司按照2013年1月1日起施行的《小企业会计准则》进行会计核算。采用复式记账法,按照科目汇总表账务处理程序进行账务处理。

(1) 库存现金限额为5 000元整。

(2) 原材料、周转材料、存货等均按照实际成本计价,采用先进先出法进行账务处理,采用品种法进行成本核算。已销产品成本月末统一结转。

(3) 固定资产折旧采用年限平均法。

(4) 新增无形资产摊销年限均为5年。

(5) 借款利息按月计提并支付。

(6) 职工福利费、职工教育经费、工会经费分别按应付工资的14%、2.5%、2%计提。

(7) 公司采用深圳市基本医疗第三档缴纳社会保险,缴纳比例及金额见表4-1。

表4-1 企业社保缴纳计算表

缴纳项目	基数	企业缴纳		个人缴纳		小计
		缴纳比例	缴纳金额	缴纳比例	缴纳金额	
基本养老保险	2 130.00	13.00%	276.90	8.00%	170.40	447.30
失业保险	2 130.00	1.00%	21.30	0.50%	10.65	31.95
工伤保险	2 130.00	0.28%	5.96	0	0	5.96
生育保险	2 130.00	0.50%	10.65	0	0	10.65
基本医疗保险	7 480.00	0.45%	33.66	0.10%	7.48	41.14
残保金	7 480.00	0.40%	29.92	0	0	29.92
合计			378.39		188.53	566.92

注:7 480元为上月深圳市职工平均工资水平。

以上社会保险各项目费用均由深圳市社保局收取。从2019年1月1日起,基本养老保险费、基本医疗保险费、失业保险费、工伤保险费、生育保险费等各项社会保险费由税务部门统一征收。

(8) 公司为增值税一般纳税人,增值税税率为13%,所得税税率为15%,城市维护建设税税率为7%,教育费附加率为3%。

任务二　实训模拟公司期初资料

深圳市安护智能科技有限公司2019年12月期初余额如表4-2至表4-5所示。

表4-2　总账期初余额

总账科目	明细科目	借方	贷方
库存现金		1 521.00	
银行存款		1 024 552.16	
	工商银行	730 670.14	
	建设银行	293 882.02	
应收票据		781 621.62	
	安康公司	260 000.00	
	碧源公司	430 000.00	
	达科公司	91 621.62	
应收账款		908 478.56	
	博大公司	330 000.00	
	顺安公司	167 618.00	
	富顺公司	410 860.56	
预付账款		198 340.00	
	丰发公司	118 340.00	
	新景公司	80 000.00	
原材料		534 846.00	
	甲材料	196 540.00	
	乙材料	199 076.00	
	丙材料	139 230.00	
库存商品		6 094 953.60	
	A产品	3 802 560.00	
	B产品	2 292 393.60	

(续表)

总账科目	明细科目	借方	贷方
周转材料		49 324.00	
	包装箱	40 000.00	
	低值易耗品	324.00	
	包装材料套装	9 000.00	
长期股权投资		7 360 000.00	
	云南公司	3 500 000.00	
	贵州公司	3 860 000.00	
固定资产		7 226 352.18	
	房屋及建筑物	3 439 600.00	
	机器设备	3 154 000.00	
	其他设备	632 752.18	
无形资产		704 800.00	
	专利权	210 400.00	
	商标权	494 400.00	
在建工程		1 517 772.00	
	生产线	1 517 772.00	
资产合计		26 402 561.12	
应付账款			102 793.80
	凯星电子公司		102 793.80
预收账款			420 000.00
	锦绣公司		400 000.00
	云芳公司		20 000.00
应付职工薪酬			1 046 989.95
	工资		796 548.71
	职工教育经费		21 264.50
	工会经费		17 011.60
	福利费		119 081.20

(续表)

总账科目	明细科目	借方	贷方
	社会保险费		93 083.94
其他应付款			0.00
	社会保险费		0.00
应交税费			79 480.00
	未交增值税		30 000.00
	应交企业所得税		46 480.00
	应交城建税		2 100.00
	应交教育费附加		900.00
长期借款			600 000.00
	工商银行		600 000.00
累计折旧			1 714 954.48
	房屋及建筑物		464 346.00
	机器设备		1 135 440.00
	其他设备		115 168.48
累计摊销			358 273.34
	专利权		106 953.34
	商标权		251 320.00
实收资本	王晓岚		20 000 000.00
资本公积	法定资本公积		472 000.00
盈余公积	法定盈余公积		649 203.50
利润分配	未分配利润		958 866.05
负债及所有者权益合计			26 402 561.12

表 4-3 原材料期初余额

项目名称	项目编号	数量(件)	单价	借方金额
甲材料	001	620	317.00	196 540.00
乙材料	002	314	634.00	199 076.00
丙材料	003	200	696.15	139 230.00

表 4-4　周转材料期初余额

项目	项目编号	数量(件)	单价	借方金额
包装箱	004	4 000	10.00	40 000.00
低值易耗品	005	100	3.24	324.00
包装材料套装	006	3 000	3.00	9 000.00

表 4-5　库存商品期初余额

项目	数量(件)	单位成本	借方金额
A产品	1 864	2 040.00	3 802 560.00
B产品	1 260	1 819.36	2 292 393.60

任务三　本期经济业务

一、本期经济业务

【1】1日,开出现金支票提取备用金5 000元。

【2】2日,收到深圳博大物业管理公司前欠货款330 000元。

【3】2日,从新景公司采购的800件丙材料已到货,收到货物及运费增值税专用发票,丙材料每件不含税单价695.15元,增值税税率13%;每件运费不含税单价1元,增值税税率9%,运费由新景公司垫付。银行存款支付剩余款项及运费(价税合计)549 287.6元。

【4】2日,购买办公用品含税金额900元,以现金支付。(提示:学生需填写现金支出证明)

【5】2日,银行存款缴纳上月增值税、城市维护建设税、教育费附加和企业所得税。

【6】2日,生产PE部生产B产品领用乙材料200件,丙材料200件。(提示:学生需填制领料单)

【7】2日,市场部严清华为展览会做准备工作,向公司借支现金3 000元。

【8】3日,从五联五金公司采购甲材料800件,每件不含税单价316元,增值税税率13%,每件运费不含税单价1元,增值税税率9%,运费由五联五金公司垫付。货款及运费尚未支付。

【9】3日,向锦绣公司交付A产品840件,每件不含税价2 680元。发票已开,订金4月已收,银行收到剩余款项,商品已发出。

【10】3日,在国泰证券有限公司深圳营业部开立了证券账户,银行存款转账支付300 000元。

【11】3日,从丰发公司采购的乙材料500件已到货,银行存款支付剩余货款及运费。

【12】4日,生产PE部生产A产品领用原材料甲150件、乙材料150件、丙材

150 件。(提示:学生需填制领料单)

【13】4 日,碧源公司开具的银行承兑汇票到期,款项已到账。

【14】4 日,展销会上零售 B 产品 2 件,每件零售价 2 486 元,款项已存入工商银行。

【15】5 日,使用银行存款支付上月职工工资,缴纳上月社会保险费。

【16】5 日,为庆祝公司成立 20 周年,全体员工聚餐,餐饮费 18 000 元,银行转账支付。

【17】5 日,收到成城物业管理有限公司退回的 B 产品 3 件,红字专用发票已开,货款已退回。

【18】5 日,开出现金支票提取备用金 5 000 元。

【19】6 日,生产 PE 部生产 A 产品领用包装箱 150 件,包装材料套装 150 件,生产 B 产品领用包装箱 200 件,包装材料套装 200 件。(提示:学生需填制领料单)

【20】6 日,销售部员工覃清外出洽谈合作业务,预借差旅费费用,用现金支付 3 000 元。

【21】6 日,向银行申请开出汇票,偿还欠凯星公司的货款 102 793.8 元。

【22】7 日,向银行购买空白支票,支付工本费 30 元。

【23】7 日,使用银行存款偿还五联五金公司的货款 286 536 元。

【24】7 日,生产线设备故障,使用银行存款支付设备修理费 4 000 元,取得增值税专用发票,增值税税率 13%,税额 520 元。

【25】8 日,向深圳市南山科技园物业管理公司支付员工宿舍租金 10 000 元,使用银行存款支付。宿舍合计 50 间,每间每月 200 元,免费提供给员工居住,其中分配给制造系统的宿舍 44 间,营销系统 2 间,研发系统 2 间,综合系统 2 间。

【26】8 日,向公司员工黄丽敏销售 A 产品 1 件,零售价 2 938 元。

【27】9 日,使用建设银行转账支付财务部邝美誉产假津贴 3 870 元。

【28】9 日,使用现金支付汽车修理费 800 元,取得增值税专用发票,增值税税率 13%,税额 104 元。(提示:学生需填写现金支出证明)

【29】10 日,作为扣缴义务人计算 2019 年 11 月董事长王某工资、薪金所得的个人所得税并于 12 月 15 日前完成代扣代缴。

【30】10 日,收到雅乐公司订做 B 产品 2 000 件订单,银行收到雅乐公司预付款 200 000 元。

【31】10 日,生产 PE 部生产 B 产品领用乙材料 400 件、丙材料 400 件。(提示:学生需填制领料单)

【32】11 日,市场部严清华报销展览会费用 2 796 元,交回未用完现金 204 元。

【33】11 日,报销销售部覃清差旅费 3 204 元,用现金补足 204 元。

【34】12 日,销售部经理王强出差,借支差旅费 3 000 元。

【35】13 日,准备专利申请资料,使用建设银行存款支付咨询费 1 200 元。

【36】13 日,购买 20 桶饮用桶装水,现金支付 160 元。(提示:学生需填写现金支出证明)

【37】13日,淘宝平台零售B产品2件,零售价每件2 486元。

【38】14日,从证券交易所购入股票10 000股准备短期持有,每股买价为9.46元,另支付相关手续费1 200元,以证券账户投资额支付。

【39】14日,从丰发公司采购B产品所用原材料乙1 000件,约定5日后交货,支付定金200 000元,银行转账支付。

【40】15日,从新景公司采购B产品所用原材料丙1 000件,不含税单价每件695.15元,增值税税率13%;运费不含税单价每件1元,增值税税率9%,新景公司代垫运费;价税合计786 609.50元,材料已入库,货款及运费通过银行转账支付。

【41】15日,维修清逸公司超过质量保证期的B产品一批,因清逸公司信誉不佳,取得现金含税收入5 085元。

【42】16日,将取得的维修收入存入银行。

【43】16日,开出现金支票提取备用金5 000元。

【44】16日,向家园公司销售A产品200件,每件不含税单价2 750元,增值税发票已开,收到家园公司开出的工商银行汇票一张。

【45】17日,工商银行收到顺安公司前欠的货款167 618元。

【46】17日,向丰发公司采购的乙材料需延迟2天交货,经过双方沟通,丰发公司向本公司转账支付8 000元赔偿金。

【47】18日,生产PE部生产B产品领用包装箱400件,包装材料套装400件。(提示:学生需填制领料单)

【48】19日,使用银行存款转账支付沿海大学A产品系统研究开发费用60 000元。

【49】20日,销售部经理王强报销差旅费3 000元。

【50】20日,收到阳光公司预付B产品购货款400 000元。

【51】20日,使用现金支付广告费2400元。

【52】21日,收到丰发公司乙材料1 000件,乙材料不含税单价每件633元,增值税税率13%,运费不含税单价每件1元,增值税税率9%,丰发公司代垫运费;使用银行转账支付剩余材料款及运费款516 380元。

【53】21日,建设银行收到政府部门给予的高新技术企业奖励金5万元。

【54】22日,新生产线设备安装调试完毕,支付深圳新发安装公司劳务费21 800元,款项通过银行存款支付。

【55】22日,市场部李梅为拜访客户,预支费用1 000元。

【56】23日,收到银行转来的市供电局收款单据价税合计4 360.39元。

【57】23日,收到物业开具的水费发票,价税合计2 026.01元。

【58】23日,生产PE部生产B产品领用乙材料400件,丙材料400件,包装箱400件,包装材料套装400件。(提示:学生需填制领料单)

【59】23日,使用现金报销总经理王晓岚手机通讯费200元。

【60】23日,使用现金支付该月公司保洁费500元。

【61】24日,市场部李梅报销拜访客户费用1 880元。

【62】25日,使用现金支付公司宽带费338元。

【63】26日,处理废品,收到现金2 599元。

【64】26日,为开发一项智能云系统产品,总部硬件组领用丙材料20件。(提示:学生需填制领料单)

【65】28日,收到建设银行存款利息收入3 800元。

【66】29日,生产PE部生产B产品领用乙材料200件,丙材料200件,包装箱200件,包装材料套装200件。(提示:学生需填制领料单)

【67】29日,计提并支付工商银行长期借款本月利息,年利率为5.4%。

【68】31日,按照产品工时分配结转本月职工工资,其中A产品生产工时5 500小时,B产品生产工时40 700小时。

【69】31日,计提职工福利费、职工教育经费和工会经费。

【70】31日,按照工资分配表数据计提本月企业应缴纳职工社会保险费用。

【71】31日,编制本月固定资产折旧表,计提本月固定资产折旧。

【72】31日,编制本月无形资产摊销表,计提本月无形资产摊销。

【73】31日,本月A产品完工150件;B产品完工1 200件,按照生产工时进行制造费用分配,其中本月A产品生产工时5 500小时,B产品生产工时40 700小时。

【74】31日,根据生产成本明细账,计算结转本月生产成本。

【75】31日,计算并结转本月已售商品成本。

【76】31日,计算本月应缴纳的增值税。

【77】31日,计算本月应缴纳的城建税及教育费附加。

【78】31日,结转本月损益类账户。

【79】31日,计算本月所得税费用(研发费用——费用化支出按照发生额的75%加计扣除)。

【80】完成2019年的年度结转,根据公司章程按利润总额的10%计提法定盈余公积金,盈利年按5%提取任意盈余公积金。

二、业务对应原始凭证

注:为增加实训难度和仿真度,本书部分原始凭证存在错漏,请认真审核原始凭证后,再做相应账务处理。

【业务凭证1】

中国工商银行
现金支票存根
44030289
68346457

附加信息

出票日期 2019 年 12 月 01 日
收款人: 深圳市安护智能科技有限公司
金额: ¥5 000.00
用途: 提取备用金
单位主管 周祥名 会计 李 凯

【业务凭证2】

中国工商银行 网上银行电子回单

回单号码:0019-3075-9849-1101

付款人	户名	深圳博大物业管理公司	收款人	户名	深圳市安护智能科技有限公司
	账号	4402098594023475835		账号	4402027564523892436
	开户银行	中国工商银行宝安支行		开户银行	中国工商银行南山支行
金额		¥330 000.00	金额(大写)		人民币叁拾叁万元整
摘要		货款	业务(产品)种类		
用途					
交易流水		14359697	时间戳		2019-12-02.10.16.234366
备注:博大公司支付前欠货款 委托日期:2019-12-02					
验证码					
记账网点	00260	记账柜员		00102	记账日期 2019年12月02日

打印日期:2019年12月02日

实训四 中小企业会计日常经济业务处理实训

【业务凭证3-1】

深圳市安护智能科技有限公司
外购材料入库单

供应商：新景公司　　　　　　　　　　　　　　　　　　　　　　第1页　共1页
收料仓库：原材料仓库　　　　2019年12月02日　　　　　　　　　　类型：外购
　　　　　　　　　　　　　　　　　　　　　　　　　　　　　　编号：19120101

序号	物料编码	名称	规格型号	单位	数量		收料仓库	源单单号	备注
					应收	实收			
1	003	丙	XD-725	件	800	800	原材料仓	CG191128	
合计				件	800	800			

审核：王准　　　　记账：李凯　　　　验收：张贵军　　　　制单：陈良松

【业务凭证3-2】

中国工商银行　网上银行电子回单

回单号码：0019-3075-9849-1102

	户名	深圳市安护智能科技有限公司		户名	新景公司
付款人	账号	4402098594523892436	收款人	账号	400004280710024315
	开户银行	中国工商银行南山支行		开户银行	深圳市水榭支行
金额		¥549 287.60	金额（大写）		人民币伍拾肆万玖仟贰佰捌拾柒元陆角整
摘要		支付货款	业务（产品）种类		
用途					
交易流水		14359698	时间戳		2019-12-02.09.25.980232
	备注：	货款　委托日期：2019-12-02			
验证码					
记账网点	00260	记账柜员	00102	记账日期	2019年12月02日

打印日期：2019年12月2日

实训四　中小企业会计日常经济业务处理实训

【业务凭证3-3】 注：因篇幅有限，本书中仅在此业务中列示增值税专用发票抵扣联，其他涉及抵扣联的经济业务略去。

\multicolumn{10}{l}{深圳增值税专用发票　No 06056610}
\multicolumn{10}{l}{4403194130　抵扣联　4403194130 06056610}
\multicolumn{10}{l}{校验码 89760 79806 78645 86793　开票日期：2019年12月02日}
购买方	名称	深圳市安护智能科技有限公司					密码区	\multicolumn{2}{l}{50090->-*6732282*496204397<80/0082*16289>15813*7<80/08>9<118874-092*4874-0965<4>6+3<2/3<696+765<4>663553<362*+>05892+6>*0*619-}
	纳税人识别号	524403042190432751							
	地址、电话	深圳市南山区科技园南区深圳数字技术园0755-86006635							
	开户行及账号	中国工商银行南山支行 4402027564523892436							
\multicolumn{2}{l}{货物或应税劳务、服务名称}	规格型号	单位	数量	单价	金额		税率	税额
\multicolumn{2}{l}{*丙材料}	XD-725 黑色	件	800	695.15	556 120.00		13%	72 295.60
\multicolumn{2}{l}{合计}					￥556 120.00			￥72 295.60
\multicolumn{2}{l}{计税合计（大写）}	⊗ 陆拾贰万捌仟肆佰壹拾伍圆陆角整				（小写）￥628 415.60			
销售方	名称	新景公司				备注		\multicolumn{2}{l}{新景公司 914403003501061856 发票专用章 销售方（章）}
	纳税人识别号	914403003501061856							
	地址、电话	深圳市福田区华龙科技园 0755-86723462							
	开户行及账号	工商银行深圳水榭春天支行 4000042807100524315							
\multicolumn{2}{l}{收款人：胡珍美　复核：郭远州　开票人：胡少美}								

【业务凭证3-4】

【业务凭证3-5】

【业务凭证3-6】

【业务凭证4】

【业务凭证5】

电子缴款凭证

打印日期：2019年 12 月 02 日　NO. 201912021192908

纳税人识别号	524403042190432751		税务征收机关	深圳市福田税务局
纳税人名称	深圳市安护智能科技有限公司		收款国库	国家金库深圳市福田区
开户银行	中国工商银行南山支行		银行账号	4402027564523892436
系统税票号	税（费）种	税（品）目	所属时期	实缴金额	缴款日期
4403055200346786	增值税	销售商品	20191101-20191130	30 000.00	20191202
4403055200346787	城建税	增值税附征城市维护建设税	20191101-20191130	2 100.00	20191202
4403055200346788	教育费附加	增值税附征教育费附加	20191101-20191130	900.00	20191202
4403055200346788	企业所得税		20191101-20191130	46 480.00	20191202
——以下空白——					
金额合计	（大写）柒万玖仟肆佰捌拾元整			￥ 79 480.00	

本缴款凭证仅作为纳税人记账核算凭证使用，需与银行对账单电子划缴记录核对一致方有效。纳税人需开具完税证明，请凭税务登记证和有效身份证明，到主管税务机关（电子章）

电子签名单：
MOtqAcP Jvj +Yvczrmfh005AfOVKfiDXX/y2UHj E6NMJCB+KOfZo
N+3TFW gESN 2zk cKLA3tE 1L yOB iAl 7bZ q9a gt5D5s Lfo dzonRU
T
F9asnneYyVHM3fERNB44j YOAyOxxnQ/BpnxXSCwj q/A8Kf lapT
TfraX86LUI+puy2s

实训四 中小企业会计日常经济业务处理实训

【业务凭证6】

深圳市安护智能科技有限公司
<u>领 料 单</u>

领料部门：　　　　　　　　　　　　　　　　　　年　　月　　日　　第　　号

编号	名称	规格	数量	单价	金额									备注
					十	万	千	百	十	元	角	分	
合计人民币（大写）					¥								

　　　　　　　　会计：　　　　　　记账：　　　　　　复核：　　　　　　领料：　　　　　　制单：

【业务凭证7】

深圳市安护智能科技有限公司
<u>借 支 单</u>

<u>2019</u> 年 <u>12</u> 月 <u>02</u> 日

借支人姓名	市场部严清华				
借支事由	预支展览会费用				
人民币（¥）	3 000.00				
借款时间	2019年12月02日	还款时间			
还款方式	费用报销凭证				
核准	周祥名	会计	李凯	出纳	刘子双	借支人	严清华

（现金付讫）

实训四 中小企业会计日常经济业务处理实训

【业务凭证8-1】

4403194130			深圳增值税专用发票 发票联		No 04437654		4403194130 04437654

校验码 54655 35432 35463 88012　　开票日期：2019年12月03日

			购买方	名　　称	深圳市安护智能科技有限公司		
				纳税人识别号	524403042190432751		
				地址、电话	深圳市南山区科技园南区深圳数字技术园 0755-86006635		
				开户行及账号	中国工商银行南山支行 4402027564523892436		

密码区：50090->-*6732282*4962043973<2/3 2*16289>15813*7<80/08>9<1188>9<11 82*48740965<4>6+3<2/3<696+7553<36 2*63553<362*+>05892+6>*0*619-1259

货物或应税劳务、服务名称	规格型号	单位	数量	单价	金额	税率	税额
*甲材料	XT465	件	800	316.00	252 800.00	13%	32 864.00
合　计					¥252 800.00		¥32 864.00

计税合计（大写）　　⊗　贰拾捌万伍仟陆佰陆拾肆圆整　　（小写）¥285 664.00

销售方	名　　称	五联五金公司	备注
	纳税人识别号	624403050211246893B	
	地址、电话	深圳市前海区万柳中路 0755-46789137	五联五金公司 624403050211246893B 发票专用章
	开户行及账号	交通银行前海支行 4600019422212600684	

收款人：李敏　　　　复核：王红　　　　开票人：李丽　　　　销售方：（章）

【业务凭证8-2】

4403194130			深圳增值税专用发票 发票联		No 04437654		4403194130 04437654

校验码 54786 44566 78966 45375　　开票日期：2019年12月03日

			购买方	名　　称	深圳市安护智能科技有限公司		
				纳税人识别号	524403042190432751		
				地址、电话	深圳市南山区科技园南区深圳数字技术园 0755-86006635		
				开户行及账号	中国工商银行南山支行 4402027564523892436		

密码区：89753->-*7789354*4962043972<1628> 2*16289>15813*7<80/08>9<1182>485< 2*4874-0965<4>6+3<2/3<696+73<362* 63553<362*+>05892+6>*0*619-

货物或应税劳务、服务名称	规格型号	单位	数量	单价	金额	税率	税额
*甲材料运费		件	800	1.00	800.00	9%	72.00
合　计					¥800.00		¥72.00

计税合计（大写）　　⊗　捌佰柒拾贰圆整　　（小写）¥872.00

销售方	名　　称	快捷通物流有限公司	备注
	纳税人识别号	23011166182703325B	
	地址、电话	深圳市福田区华龙科技园 0755-86723462	快捷通物流有限公司 23011166182703325B 发票专用章
	开户行及账号	工商银行深圳福田支行 4026046247106984424	

收款人：黄梅　　　　复核：吴涛慧　　　　开票人：钟娟蓉　　　　销售方：（章）

实训四　中小企业会计日常经济业务处理实训

【业务凭证8-3】

深圳市安护智能科技有限公司
外购材料入库单

供应商：五联五金公司　　　　　　　　　　　　　　　　　　　　　　第1页　共1页
收料仓库：原材料仓库　　　　　　　2019年12月03日　　　　　　　　类型：外购
　　　　　　　　　　　　　　　　　　　　　　　　　　　　　　　　编号：19120301

序号	物料编码	名称	规格型号	单位	数量应收	数量实收	收料仓库	源单单号	备注
1	001	甲	XT465	件	800	800	原材料仓	CG191125	
合计					800	800			

审核：王准　　　　记账：李凯　　　　验收：张贵军　　　　制单：陈良松

【业务凭证9-1】

深圳增值税专用发票

No 18965308

此联不作报销、抵扣凭证使用

4403194130
18965308

校验码　44431 32432 66487 90034　　　　　　开票日期：2019年12月03日

购买方	名称	锦绣公司	密码区	50090->-*6732282*49620439789>158 2*16289>15813*7<80/08>9<1182*487 2*4874-0965<4>6+3<2/3<696+774-09 63553<362*+>05892+6>*0*619-
	纳税人识别号	52110114495217893J		
	地址、电话	北京市四道口东路010-234560038		
	开户行及账号	交通银行四道口支行 370001902900506643		

货物或应税劳务、服务名称	规格型号	单位	数量	单价	金额	税率	税额
*A产品	通用X5系统	件	840	2 680.00	2 251 200.00	13%	292 656.00
合计					¥2 251 200.00		¥292 656.00

计税合计（大写）　　　⊗　贰佰伍拾肆万叁仟捌佰伍拾陆圆整　　　（小写）¥2 543 856.00

销售方	名称	深圳市安护智能科技有限公司	备注
	纳税人识别号	524403042190432751	
	地址、电话	深圳市南山区科技园南区深圳数字技术园 0755-86006635	
	开户行及账号	中国工商银行南山支行 4402027564523892436	

收款人：刘子双　　　复核：周祥明　　　开票人：李凯　　　销售方：（章）

【业务凭证9-2】

中国工商银行 网上银行电子回单

回单号码：0019-3075-9849-1103

付款人	户名	锦绣公司	收款人	户名	深圳市安护智能科技有限公司
	账号	3700019029000506643		账号	4402027564523892436
	开户银行	交通银行四道口支行		开户银行	中国工商银行南山支行
	金额	¥2 143 856.00		金额（大写）	人民币 贰佰壹拾肆万叁仟捌佰伍拾陆元整
	摘要	支付货款		业务（产品）种类	
	用途				
交易流水	14359699			时间戳	2019-12-03.16.22.603497
	备注	货款 委托日期：2019-12-03			
	验证码				
记账网点	00260	记账柜员	00102	记账日期	2019年12月03日

打印日期：2019年12月03日

【业务凭证9-3】

深圳市安护智能科技有限公司
产 品 出 库 单

提货部门：锦绣公司　　　　　日期：2019 年 12 月 03 日　　编号：19120101

产品编号	产品名称	产品规格	出库数量	备注
1	A产品	通用X5系统	840	

提货人：费文　　　　出货人：刘坤　　　　负责人：陈良松

实训四 中小企业会计日常经济业务处理实训

【业务凭证10】

中国工商银行 网上银行电子回单

回单号码：0019-3075-9849-1104

付款人	户名	深圳市安护智能科技有限公司	收款人	户名	深圳市安护智能科技有限公司
	账号	4402027564523892436		账号	4402875386895678523
	开户银行	中国工商银行南山支行		开户银行	中国工商银行南山支行
	金额	¥300 000.00		金额（大写）	人民币 叁拾万元整
	摘要	投资款		业务（产品）种类	
	用途				

| 交易流水 | 41359701 | | | 时间戳 | 2019-12-03.16.22.603498 |

备注：国泰证券投资款 委托日期：2019-12-03

（中国工商银行 电子回单 专用章）

验证码

| 记账网点 | 00260 | 记账柜员 | 00102 | 记账日期 | 2019年12月03日 |

打印日期：2019年12月03日

【业务凭证11-1】

深圳市安护智能科技有限公司
外购材料入库单

供应商：丰发公司　　　　　　　　　　2019年12月03日　　　　第1页 共1页
收料仓库：原材料仓库　　　　　　　　　　　　　　　　　　　　类型：外购
　　　　　　　　　　　　　　　　　　　　　　　　　　　　　　编号：19120301

序号	物料编码	名称	规格型号	单位	数量		收料仓库	源单单号	备注
					应收	实收			
1	2	乙材料	SQ-659	件	500	500	原材料仓	CG191129	
合计					500	500			

审核：王准　　　记账：李凯　　　验收：张贵军　　　制单：陈良松

【业务凭证11-2】

北京增值税专用发票　No 18965420

发票联

1100096123
18965420

校验码 11456 46545 68902 45734　开票日期：2019年12月03日

购买方	名　称	深圳市安护智能科技有限公司					
	纳税人识别号	524403042190432751					
	地址、电话	深圳市南山区科技园南区深圳数字技术园0755-86006635					
	开户行及账号	中国工商银行南山支行　4402027564523892436					

密码区：50090->-*6732282*4962043979<1182*2*16289>15813*7<80/08>9<11874-09*2*4874-0965<4>6+3<2/3<696+753<36263553<362*+>05892+6>*0*619-

货物或应税劳务、服务名称	规格型号	单位	数量	单价	金额	税率	税额
*乙材料	SQ-659	件	500	633.00	316 500.00	13%	41 145.00
合计					¥316 500.00		¥41 145.00

价税合计（大写）　⊗ 叁拾伍万柒仟陆佰肆拾伍圆整　　（小写）¥357 645.00

销售方	名　称	丰发公司
	纳税人识别号	911011449521378143B
	地址、电话	北京市海淀区重庆路 010-37467891
	开户行及账号	交通银行北京海淀支行 3700019421222378549

收款人：李敏　　复核：王红　　开票人：李丽　　销售方：（章）

【业务凭证11-3】

深圳增值税专用发票　No 04346842

发票联

4403194130
04346842

校验码 54786 44566 78966 45375　开票日期：2019年12月03日

购买方	名　称	深圳市安护智能科技有限公司					
	纳税人识别号	524403042190432751					
	地址、电话	深圳市南山区科技园南区深圳数字技术园0755-86006635					
	开户行及账号	中国工商银行南山支行　4402027564523892436					

密码区：89753->-*7789354*4962043978 9>158<2*16289>15813*7<80/08>9<1185<4>6*2*4874-0965<4>6+3<2/3<696+753<3663553<362*+>05892+6>*0*619-

货物或应税劳务、服务名称	规格型号	单位	数量	单价	金额	税率	税额
*乙材料运费		件	500	1.00	500.00	9%	45.00
合计					¥500.00		¥45.00

价税合计（大写）　⊗ 伍佰肆拾伍圆整　　（小写）¥545.00

销售方	名　称	快捷通物流有限公司
	纳税人识别号	23011166182703325B
	地址、电话	深圳市福田区华龙科技园 0755-86723462
	开户行及账号	工商银行深圳福田支行 4026046247106984424

收款人：黄梅　　复核：吴涛慧　　开票人：钟娟蓉　　销售方：（章）

实训四　中小企业会计日常经济业务处理实训

【业务凭证11-4】

中国工商银行　网上银行电子回单

回单号码：0019-3075-9849-1105

	户名	深圳市安护智能科技有限公司		户名	丰发公司
付款人	账号	4402027564523892436	收款人	账号	3700019421222378549
	开户银行	中国工商银行南山支行		开户银行	交通银行北京海淀支行
金额		¥239 850.00	金额（大写）		人民币贰拾叁万玖仟捌佰伍拾元整
摘要		支付货款	业务（产品）种类		
用途					
交易流水		41359701	时间戳		2019-12-03.10.12.597262
备注		货款　委托日期：2019-12-03			
验证码					
记账网点	00260	记账柜员	00102	记账日期	2019年12月03日

打印日期：2019年12月03日

【业务凭证12】

深圳市安护智能科技有限公司

<u>领　料　单</u>

领料部门：　　　　　　　　　　　　　　　　年　月　日　第　号

编号	名称	规格	数量	单价	金额								备注
					十	万	千	百	十	元	角	分	
	合计人民币（大写）								¥				

会计：　　　　　记账：　　　　　复核：　　　　　领料：　　　　　制单：

【业务凭证13】

银行进账单（回单）

2019年 12月 04 日

收款人	全称	深圳市安护智能科技有限公司		付款人	全称	碧源公司
	账号	4402027564523892436			账号	4220016870302056689
	开户银行	中国工商银行南山支行			开户银行	中国工商银行广州支行
金额	人民币（大写）肆拾叁万元整					￥430000.00
票据种类	银行承兑汇票	票据张数	1			
票据号码	00002566					
	复核	记账		开户银行盖章		

【业务凭证14-1】

实训四　中小企业会计日常经济业务处理实训

【业务凭证14-2】

中国工商银行　网上银行电子回单

回单号码：0019-3075-9849-1106

付款人	户名	赵文宇	收款人	户名	深圳市安护智能科技有限公司
	账号			账号	4402027564523892436
	开户银行			开户银行	中国工商银行南山支行
	金额	¥4 972.00		金额（大写）	人民币肆仟玖佰柒拾贰元整
	摘要	支付货款		业务（产品）种类	
	用途				

交易流水号	14359703		时间戳	2019-12-04.17.12.597258
	备注：展销会收入			
	验证码			
记账网点	00260	记账柜员	00102	记账日期	2019年12月04日

打印日期：2019年12月04日

（中国工商银行电子回单专用章）

【业务凭证14-3】

深圳市安护智能科技有限公司
送货单

客户名称：赵文宇　　日期：2019年12月04日　　第1页 共1页
客户电话：13999877658　　收货地址：广州市番禺保利花城　　编号：19120401

序号	产品名称	规格型号	单位	数量	金额	发仓仓库	备注
1	B产品	智能系统	件	2	4 972.00	成品仓	
合计				2	4 972.00		

收货人：赵文宇　　审核：刘坤　　制单：陈良松　　业务员：宋建龙

注：以上货物请核对数量，如有质量问题，请在收货后3天内通知本公司，逾期恕不负责。

【业务凭证15-1】

深圳市安护智能科技有限公司
11月份工资结算汇总表   单位：元

部门		职工人数	基本工资	岗位津贴	奖金	餐费补贴	水电补贴	其他补贴	应付工资	代扣职工个人缴纳社保	实发工资
制造系统	生产部	198	421 740.00	9 900.00	39 600.00	5 940.00	3 960.00	76 116.28	557 256.28	37 328.94	519 927.34
	品质部	12	25 560.00	2 400.00	2 400.00	360.00	240.00	4 613.11	35 573.11	2 262.36	33 310.75
营销系统	市场部	6	12 780.00	1 800.00	12 000.00	180.00	120.00	2 306.55	29 186.55	1 131.18	28 055.37
	销售部	8	17 040.00	4 000.00	24 000.00	240.00	160.00	3 075.41	48 515.41	1 508.24	47 007.17
研发系统	总部硬件组	6	12 780.00	12 000.00	1 200.00	180.00	120.00	2 306.55	28 586.55	1 131.18	27 455.37
	UI设计组	4	8 520.00	16 000.00	12 000.00	120.00	80.00	1 537.70	38 257.70	754.12	37 503.58
综合系统	人事部	3	6 390.00	3 000.00	2 400.00	90.00	60.00	1 153.28	13 093.28	565.59	12 527.69
	财务部	3	6 390.00	6 000.00	3 000.00	90.00	60.00	1 153.28	16 693.28	565.59	16 127.69
	采购部	4	8 520.00	4 000.00	4 000.00	120.00	80.00	1 537.70	18 257.70	754.12	17 503.58
	IT电脑部	2	4 260.00	4 000.00	2 000.00	60.00	40.00	768.85	11 128.85	377.06	10 751.79
合计		246	523 980.00	63 100.00	102 600.00	7 380.00	4 920.00	94 568.71	796 548.71	46 378.38	750 170.33

审核：王晓岚　　记账：李凯　　审核：周祥名　　制单：王莉

【业务凭证15-2】

深圳市社会保险费专用收款票据

社保电脑号	787654				BJ30001330财政	
名　　称	深圳市安护智能科技有限公司				2019年12月5日	
项目	人数	单位缴纳额	个人缴纳额	滞纳金	利息	合计金额
养老保险	246	68 117.40	41 918.40			110 035.80
失业保险	246	5 239.80	2 619.90			7 859.70
工商保险	246	1 466.16	0.00			1 466.16
生育保险	246	2 619.90	0.00			2 619.90
医疗保险	246	8 280.36	1 840.08			10 120.44
残保金	246	7 360.32	0.00			7 360.32
合计	246	93 083.94	46 378.38			139 462.32
金　　额（大写）：壹拾叁万玖仟肆佰陆拾贰元叁角贰分					（小写）￥139 462.32	

收款单位：深圳市社会保险基金管理局（盖章）　　　广东省财政厅印制

实训四 中小企业会计日常经济业务处理实训

【业务凭证15-3】

中国工商银行　网上银行电子回单

回单号码：0019-3075-9849-1107

付款人	户名	深圳市安护智能科技有限公司	收款人	户名	深圳市社会保险基金管理局
	账号	4402027564523892436		账号	440202756897865429
	开户银行	中国工商银行南山支行		开户银行	中国工商银行福田支行
金额		¥139 462.32	金额（大写）		人民币壹拾叁万玖仟肆佰陆拾贰元叁角贰分
摘要		支付社保费用	业务（产品）种类		
用途					

交易流水	14359704		时间戳	2019-12-05.16.22.597258
备注：支付社保费用				
验证码				
记账网点	00260	记账柜员	00102	记账日期	2019年12月05日

打印日期：2019年12月05日

【业务凭证15-4】

中国工商银行　网上银行电子回单

回单号码：0019-3075-9849-1108

付款人	户名	深圳市安护智能科技有限公司	收款人	户名	
	账号	4402027564523892436		账号	
	开户银行	中国工商银行南山支行		开户银行	
金额		¥750 170.33	金额（大写）		人民币柒拾伍万零壹佰柒拾元叁角叁分
摘要		代发职工工资	业务（产品）种类		
用途					

交易流水	14359704		时间戳	2019-12-05.17.02.65897
备注：代发工资（附工资代发清单）				
验证码				
记账网点	00260	记账柜员	00102	记账日期	2019年12月05日

打印日期：2019年12月05日

实训四 中小企业会计日常经济业务处理实训

【业务凭证16-1】

【业务凭证16-2】

中国工商银行 网上银行电子回单

回单号码：0019-3075-9849-1108

付款人	户名	深圳市安护智能科技有限公司	收款人	户名	深圳市洞庭土菜馆餐饮公司
	账号	4402027564523892436		账号	4403897086438614689
	开户银行	中国工商银行南山支行		开户银行	中国建设银行深圳红荔支行
	金额	¥18 000.00		金额（大写）	人民币壹万捌仟元整
	摘要	支付餐饮费		业务（产品）种类	
	用途				
交易流水		14359704	时间戳		2019-12-05.10.12.597262
	备注：				
	验证码				
记账网点		00260	记账柜员	00102	记账日期 2019年12月05日

打印日期：2019年12月05日

实训四 中小企业会计日常经济业务处理实训

【业务凭证17-1】

深圳增值税专用发票

No 38527139

4403194130
38587139

此联不作报销、扣税凭证使用

校验码 66354 85765 35426 90243　　　　开票日期：2019年12月05日

购买方
名　称：成城物业管理有限公司
纳税人识别号：524403524387659636
地址、电话：深圳市南山区开创路57号 0755-86867408
开户行及账号：中国工商银行南山支行 4402034379863687521

密码区：
50090->-*6732282*4962043972*162889>15*
2*16289>15813*7<80/08>9<118874-0965<4+
2*4874-0965<4>6+3<2/3<696+762*+>92+69-
63553<362*+>05892+6>*0*619-

货物或应税劳务、服务名称	规格型号	单位	数量	单价	金额	税率	税额
B产品*	智能系统	件	-3	2 200.00	-6 600.00	13%	-858.00
合　计					¥-6 600.00		¥-858.00

计税合计（大写）　⊗（负数）柒仟肆佰伍拾捌圆整　　（小写）¥-7 458.00

销售方
名　称：深圳市安护智能科技有限公司
纳税人识别号：524403042190432751
地址、电话：深圳市南山区科技园南区深圳数字技术园 0755-86006635
开户行及账号：中国工商银行南山支行 4402027564523892436

备注：

收款人：刘子双　　复核：周祥明　　开票人：李凯　　销售方：（章）

【业务凭证17-2】

中国工商银行 网上银行电子回单

回单号码：0019-3075-9849-1109

付款人	户名	深圳市安护智能科技有限公司	收款人	户名	成城物业管理有限公司
	账号	4402027564523892436		账号	4402034379863687521
	开户银行	中国工商银行南山支行		开户银行	中国工商银行南山支行
	金额	¥7 458.00		金额（大写）	人民币柒仟肆佰伍拾捌圆整
	摘要	货物退款		业务（产品）种类	
	用途				
交易流水	14359705		时间戳	2019-12-05.17.12.597258	
备注：货物退款					
验证码					
记账网点	00260	记账柜员	00102	记账日期	2019年12月05日

打印日期：2019年12月05日

实训四 中小企业会计日常经济业务处理实训

【业务凭证17-3】

深圳市安护智能科技有限公司

退（返）货商品入库单

单位：件　　　　　　　　2019年12月5日　　　　　　退货：退货仓

编号	名称	规格	数量	单位成本	总成本	附注
01	B产品	智能系统	3			成城物业公司退货
	合计		3			成诚物业公司退货

第三联：记账联

审核：陈良松　　　　记账：李凯　　　　验收：张贵军

【业务凭证18】

中国工商银行
现金支票存根
44030289
68346458

附加信息

出票日期 2019 年 12 月 05 日
收款人：深圳市安护智能科技有限公司
金额：¥5 000.00
用途：提取备用金
单位主管 周祥名　　会计 李凯

【业务凭证19】

深圳市安护智能科技有限公司
领 料 单

领料部门：　　　　　　　　　　　　　　　　　　　　　年　　月　　日　　第　　号

编号	名称	规格	数量	单价	金额									备注
					十	万	千	百	十	元	角	分	

合计人民币（大写）　　　　　　　　　　　　　　　¥

会计：　　　　记账：　　　　复核：　　　　领料：　　　　制单：

【业务凭证20】

深圳市安护智能科技有限公司
借 支 单

2019年12月06日　　　　　　　　　　　　　　　　　编号：245

借支人姓名	销售部覃清				
借支事由	预借差旅费		现金付讫		
人民币（¥）	3 000.00				
借款时间	2019年12月6日	还款时间			
还款方式	费用报销凭证				
核准	周祥名	会计	李凯	出纳	刘子双	借支人	覃清

实训四 中小企业会计日常经济业务处理实训

【业务凭证21】

电子银行承兑汇票

出票日期：2019-12-06			票据状态：		
汇票到期日：2020-06-06			票据号码：	130265304210820210319878306249	
出票人	账号	4402027564523892436	收款人	账号	4220015980401058859
	全称	深圳市安护智能科技有限公司		全称	凯星公司
	开户行	中国工商银行南山支行		开户行	中国工商银行西安市朱雀路支行
	开户行号	302452623222		开户行号	301546852312
出票人保证信息	保证人账号：		保证人开户行：		
	保证人名称：		保证人开户行号：		
票据金额		¥102 793.80	人民币（大写）	壹拾万贰仟柒佰玖拾叁元捌角	
承兑人	承兑人账号：0		承兑人开户行： 中国工商银行南山支行		
	承兑人名称：中国工商银行南山支行		承兑人开户行号：302452623222		
交易合同号：			承兑信息	出票人承诺：本汇票请予以承兑，到期无条件付款	
是否可转让：		可再转让		承兑人承兑：本汇票已经承兑，到期无条件付款	
				承兑日期：	
承兑人保证信息	保证人账号：		保证人开户行		
	保证人名称：		保证人开户行号：		
评级信息	出票人	评级主体：	信用等级：	评级到期日	
备注：			银行盖章：	中国工商银行南山支行 财务专用章	

【业务凭证22】

中国工商银行 网上银行电子回单

回单号码：0019-3075-9849-1110

付款人	户名	深圳市安护智能科技有限公司	收款人	户名	中国工商银行南山支行
	账号	4402027564523892436		账号	
	开户银行	中国工商银行南山支行		开户银行	
金额		¥30.00	金额（大写）	人民币叁拾元整	
摘要		购买空白支票	业务（产品）种类		
用途					
交易流水	14359704		时间戳	2019-12-07.10.12.597263	
	备注：购买空白支票				
	中国工商银行 电子回单专用章				
	验证码				
记账网点	00260	记账柜员	00102	记账日期	2019年12月07日

打印日期：2018年12月07日

实训四　中小企业会计日常经济业务处理实训

【业务凭证23】

中国工商银行　网上银行电子回单

回单号码：0019-3075-9849-1111

付款人	户名	深圳市安护智能科技有限公司	收款人	户名	五联五金公司
	账号	4402027564523892436		账号	4600019422212600684
	开户银行	中国工商银行南山支行		开户银行	交通银行前海支行
金额		¥286 536.00	金额（大写）		人民币贰拾捌万陆仟伍佰叁拾陆元整
摘要		支付货款	业务（产品）种类		
用途					
交易流水		14359705	时间戳		2019-12-07.11.12.597266
备注		支付货款			
验证码					
记账网点	00260	记账柜员		00102	记账日期	2019年12月07日

打印日期：2019年12月07日

【业务凭证24-1】

深圳增值税专用发票

4403194130　　No 18965421

发票联

校验码　98725 33856 29856 23463

开票日期：2019年12月07日

密码区：50090->-*6732282*496204397289<1582*16289>15813*7<80/08>9<11880/08>92*48740965<4>6+3<2/3<696+73<362*+>063553<362*+>05892+6>*0*619-

购买方	名　称	深圳市安护智能科技有限公司
	纳税人识别号	52440304219043 2751
	地址、电话	深圳市南山区科技园南区深圳数字技术公司0755-86006635
	开户行及账号	中国工商银行南山支行 4402027564523892436

货物或应税劳务、服务名称	规格型号	单位	数量	单价	金额	税率	税额
*维修电动机	XT56	件	1	4 000.00	4 000.00	13%	520.00
合计					¥4 000.00		¥520.00

计税合计（大写）　　肆仟伍佰贰拾圆整　　（小写）¥4 520.00

销售方	名　称	俊凯电动维修公司
	纳税人识别号	91440305178965 6246
	地址、电话	深圳市福田区中华中路0755-86543896
	开户行及账号	工商银行深圳宝安支行 4403287653864431565

收款人：向继梅　　复核：谭李圆　　开票人：张小艳　　发票专用章：（章）

【业务凭证 24-2】

中国工商银行　网上银行电子回单

回单号码：0019-3075-9849-1112

付款人	户名	深圳市安护智能科技有限公司	收款人	户名	俊凯电动维修公司
	账号	4402027564523892436		账号	4403287653864431565
	开户银行	中国工商银行南山支行		开户银行	工商银行深圳宝安支行
	金额	¥4 520.00		金额（大写）	人民币肆仟伍佰贰拾元整
	摘要	支付维修费		业务（产品）种类	
	用途				
交易流水	14359706			时间戳	2019-12-07.14.25.625689
	备注	支付维修费			
	验证码				
记账网点	00260	记账柜员	00102	记账日期	2019年12月07日

打印日期：2019年12月07日

【业务凭证 25-1】

深圳增值税普通发票

044031900304　　No. 98965421

开票日期：2019年12月08日

校验码　89003 35674 65448 23142

购买方	名称：深圳市安护智能科技有限公司 纳税人识别号：524403042190432751 地址、电话：深圳市南山区科技园南区深圳数字技术园 0755-86006635 开户行及账号：中国工商银行南山支行 4402027564523892436

密码区：89753->-*7789354*4962043979<1188>2*16289>15813*7<80/08>9<11865<4>6 4*4874-0965<4>6+3<2/3<696+73<362* 63553<362*+>05892+6>*0*619-

货物或应税劳务、服务名称	规格型号	单位	数量	单价	金额	税率	税额
*房屋租赁费		间	50	200.00	10 000.00	9%	900.00
合计					¥10 000.00		¥900.00

价税合计（大写）　壹万零玖佰圆整　　（小写）¥10 900.00

销售方	名称：深圳市南山物业有限公司 纳税人识别号：914403052659658976 地址、电话：深圳市福田区中华中路 0755-86543896 开户行及账号：中国工商银行南山支行 4008523765489925243

备注：深圳市南山物业有限公司 914403052659658976 发票专用章

收款人：连清　　复核：吴琴　　开票人：洪菲　　销售方：（章）

实训四　中小企业会计日常经济业务处理实训

【业务凭证25-2】

中国工商银行　网上银行电子回单

回单号码：0019-3075-9849-1113

付款人	户名	深圳市安护智能科技有限公司	收款人	户名	深圳市南山物业有限公司
	账号	4402027564523892436		账号	4008523765489925243
	开户银行	中国工商银行南山支行		开户银行	中国工商银行南山支行
金额		¥10 900.00	金额（大写）		人民币壹万零玖佰圆整
摘要		房屋租赁费	业务（产品）种类		
用途					
交易流水	14359707		时间戳	2019-12-08.15.25.625690	
备注					
验证码					
记账网点	00260	记账柜员	00102	记账日期	2019年12月08日

（中国工商银行 电子回单专用章）

打印日期：2019年12月08日

【业务凭证25-3】

深圳市安护智能科技有限公司
员工住宿房间分配表

2019年12月08日

序号	部门	房间数（间）	入住人数	备注
1	制造系统	44	210	全部入住
2	营销系统	2	12	有2人无须提供住宿
3	研发系统	2	8	有2人无须提供住宿
4	综合系统	2	4	有8人无须提供住宿
合计		50	234	

审核：王晓岚　　　　　　　　　　制表：李青

实训四 中小企业会计日常经济业务处理实训

【业务凭证26-1】

【业务凭证26-2】

中国工商银行 网上银行电子回单

回单号码：0019-3075-9849-1114

付款人	户名	黄丽敏	收款人	户名	深圳市安护智能科技有限公司
	账号			账号	4402027564523892436
	开户银行			开户银行	中国工商银行南山支行
金额		¥2 938.00	金额（大写）		人民币贰仟玖佰叁拾捌元整
摘要		销售产品收入	业务（产品）种类		
用途					
交易流水	14359708		时间戳		2019-12-08.15.25.625691
	备注：	销售产品收入			
	验证码：				
记账网点	00260	记账柜员	00102	记账日期	2019年12月08日

打印日期：2019年12月08日

实训四　中小企业会计日常经济业务处理实训

【业务凭证26-3】

深圳市安护智能科技有限公司
送货单

客户名称：	黄丽敏		日期：	2019年12月08日			第1页 共1页	
客户电话：	13833999596		收货地址：	自取			编号：19120801	

序号	产品名称	规格型号	单位	数量	金额	发货仓库	备注
1	A产品	通用X5系统	件	1	2 938.00	成品仓	
合计				1	2 938.00		

收货人：黄丽敏　　审核：刘坤　　制单：陈良松　　业务员：宋建龙

注：以上货物请核对数量，如有质量问题，请在收货后3天内通知本公司，逾期恕不负责

【业务凭证27-1】

中国建设银行　网上银行电子回单

回单号码：0019-3075-9849-1116

付款人	户名	深圳市安护智能科技有限公司	收款人	户名	邝美誉
	账号	44030520020305768954		账号	4403054868799862295
	开户银行	中国建设银行南山支行		开户银行	中国建设银行福田支行
金额		¥3 870.00	金额（大写）		人民币叁仟捌佰柒拾元整
摘要		产假津贴	业务（产品）种类		
用途					

交易流水号4359708　　　　　　　　　时间戳　2019-12-09.15.24.6256891

备注：产假津贴

（电子银行专用章）

验证码

| 记账网点 | 00360 | 记账柜员 | 00202 | 记账日期 | 2019年12月09日 |

打印日期：2019年12月09日

实训四 中小企业会计日常经济业务处理实训

【业务凭证27-2】

深圳市安护智能科技有限公司

产假补贴明细　　2019年12月09日

姓名	未修完产假天数（天）	产假每日津贴（元）	合计（元）
邝美誉	30	129.00	3 870.00
合计金额（大写）	人民币叁仟捌佰柒拾元整	小写合计金额	¥3 870.00

审核：　　王晓岚　　　　制表人：　　方玲

【业务凭证28】

实训四　中小企业会计日常经济业务处理实训

【业务凭证29】

深圳市安护智能科技有限公司
个人所得税扣缴信息

经董事会商议决定，给予新入职董事王某自2019年11月1日起月固定工资20 000元，于下月10日代扣代缴其个人所得税。董事王某基本工资如下：月固定工资20 000元，个人负担养老保险680元，失业保险120元，医疗保险150元，住房公积金1 050元。

专项附加扣除情况为：首套房每月需还贷款及利息款4 000元，第二套住房每月需还贷款及利息款5 000元，有两个正在接受义务教育的子女，有两位超过六十岁需要赡养的父母。王某为非独生子女，有1个共同赡养父母的弟弟。住房贷款利息与子女教育经与配偶约定由王某一方按扣除标准的100%扣除，赡养老人额度与其弟弟均摊。

财务于2019年12月10日计算并计提王某个人所得税应纳税额。

【业务凭证30】

中国工商银行　网上银行电子回单

回单号码：0019-3075-9849-1115

付款人	户名	雅乐公司	收款人	户名	深圳市安护智能科技有限公司	
	账号	6226906848523890236		账号	4402027564523892436	
	开户银行	中国工商银行广州花都支行		开户银行	中国工商银行南山支行	
金额	¥200 000.00		金额（大写）	人民币贰拾万元整		
摘要	雅乐公司提前支付货款		业务（产品）种类			
用途						
交易流水	14359709			时间戳	2019-12-10.16.10.625692	
备注	预收货款					
验证码						
记账网点	00260	记账柜员	00102	记账日期	2019年12月10日	

打印日期：2019年12月10日

【业务凭证31】

深圳市安护智能科技有限公司
领 料 单

领料部门：　　　　　　　　　　　　　　　　　　年　月　日　第　号

编号	名称	规格	数量	单价	金额								备注
					十	万	千	百	十	元	角	分	
		合计人民币（大写）								¥			

　　　　　会计：　　　　　记账：　　　　　复核：　　　　　领料：　　　　　制单：

【业务凭证32-1】　注：因篇幅有限，本业务仅列式几张主要原始凭证。

深圳市安护智能科技有限公司
费用报销单

报销部门：市场部　　2019年 12 月11 日　　附件共 14 张

用　　途	金额（元）	备注			
展览费门票	2 226.00	部门领导审批	李凯		
交通费	360.00				
伙食费	210.00	财务部经理审批	周祥名	总经理审批	王晓岚
合　　计	¥2 796.00			现金收讫	
合计人民币（大写）： 贰仟柒佰玖拾陆元整		原借款：3 000元		退款：204 元	

出纳：刘子双　　　　　复核：周祥名　　　　　报销人：严清华

实训四 中小企业会计日常经济业务处理实训

【业务凭证32-2】

【业务凭证33-1】 注：因交通费、出差补助伙食费等原始票据较多，在此不一一罗列，仅以整理后的差旅费报销单为计算依据。

深圳市安护智能科技有限公司
差旅报销单

报销部门：销售部　　　　2019年 12 月 11 日　　　　附件共12张

姓名	覃清	职别	销售专员	出差事由		与北京永发公司洽谈合作业务	
部门负责人审批	王强		财务部经理审批	周祥名		总经理审批	王晓岚

出差起止日期自 2019年 12 月 06 日起至 2019年 12月10 日止共 5天

日期		起讫地点	天数	机票费	车船费	市内交通费	住宿费	出差补助	其他	小计
月	日									
12	6	深圳—北京	1	978				现金付讫		978
12	9	北京	4			254	848	300		1 402
12	10	北京—深圳		824						824
		合计	5	1 802		254	848	300		3 204

总计金额（大写）：叁仟贰佰零肆元整　　预支3 000元　　补款 204 元

出纳：刘子双　　复核：周祥名　　报销人：覃清

实训四 中小企业会计日常经济业务处理实训

【业务凭证33-2】

	1100096123		北京增值税专用发票		No 06678346			1100096123
			发 票 联					06678346
	校验码 22431 65465 20934 43265				开票日期：2019年12月11日			
购买方	名　　称：深圳市安护智能科技有限公司 纳税人识别号：524403042190432751 地址、电话：深圳市南山区科技园南区深圳数字技术园0755-86006635 开户行及账号：中国工商银行南山支行 4402027564523892436						密码区	50090->-*6732282*4962043974-09+3< 2*16289>15813*7<80/08>9<1185<4>6* 2*4874-0965<4>6+3<2/3<696+7+6>*0* 63553<362*+>05892+6>*0*619-
货物或应税劳务、服务名称	规格型号	单位	数量	单价		金额	税率	税额
*住宿费		床	4	200.00		800.00	6%	48.00
合计						¥800.00		¥48.00
计税合计（大写）	⊗ 捌佰肆拾捌圆整					（小写）¥848.00		
销售方	名　　称：北京7天城市快捷酒店 纳税人识别号：911101117564321896 8 地址、电话：北京市海淀区四道口陆 010-88788438 开户行及账号：中国工商银行海淀支行11017849 73950869746					备注		北京7天城市快捷酒店 911101117564321896 8 发票专用章
收款人：熊芳		复核：孙莉		开票人：周梅			销售方：（章）	

【业务凭证34】

深圳市安护智能科技有限公司

借 支 单

2019年12月12日　　　　　　　　　　编号：246

借支人姓名	销售部王强					
借支事由	预借差旅费		现金付讫			
人民币（¥）	3 000.00					
借款时间	2019年12月12日	还款时间				
还款方式	费用报销凭证					
核　准	周祥名	会计	李凯	出纳	刘子双	借支人　王强

实训四 中小企业会计日常经济业务处理实训

【业务凭证35-1】

【业务凭证35-2】

中国建设银行　网上银行电子回单

回单号码：0019-3075-9849-1116

付款人	户名	深圳市安护智能科技有限公司	收款人	户名	深圳市风华商务咨询有限公司
	账号	44030520020305768954		账号	44038970864386 14681
	开户银行	中国建设银行南山支行		开户银行	中国建设银行深圳红荔支行
金额		¥1 200.00	金额（大写）		人民币壹仟贰佰元整
摘要		咨询费	业务（产品）种类		
用途					
交易流水	14359710		时间戳	2019-12-13.14.24.625700	
	备注：咨询费				
	验证码				
记账网点	00106	记账柜员	00201	记账日期	2019年12月13日

打印日期：2019年12月13日

实训四 中小企业会计日常经济业务处理实训

【业务凭证36】

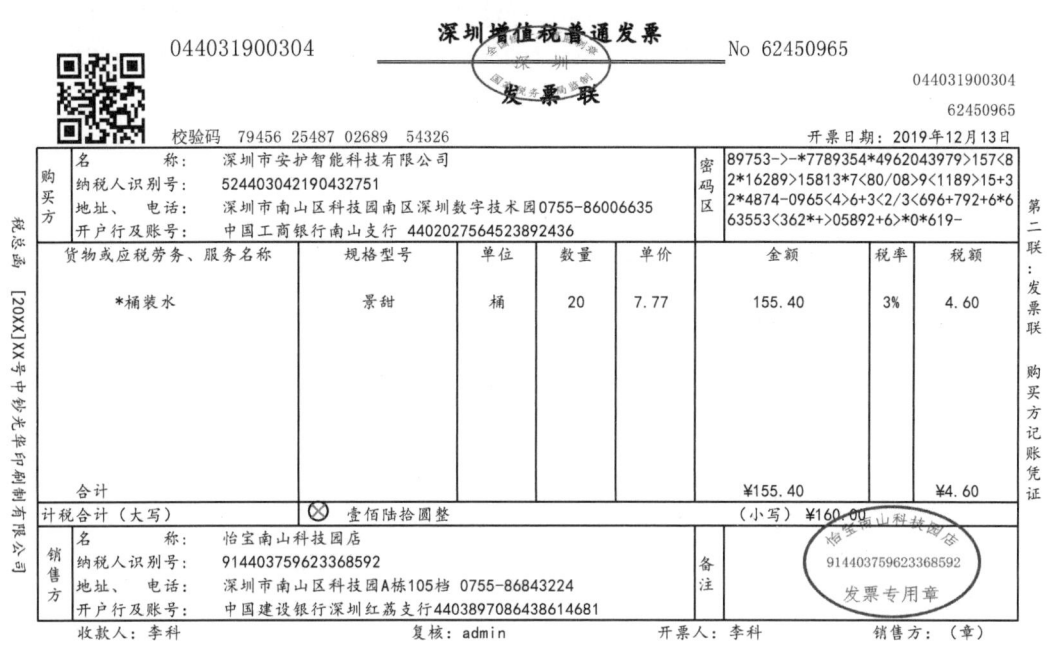

【业务凭证37-1】

深圳市安护智能科技有限公司

淘宝订单信息

2019年12月13日

订单编号：	187269021357751450
支付宝交易号：	20191207210010015805511471648
创建时间：	2019-12-07 09:00:45
发货时间：	2019-12-08 16:41:05
收款时间：	2019-12-13 09:14:48

实训四 中小企业会计日常经济业务处理实训

【业务凭证37-2】

深圳市安护智能科技有限公司
送货单

客户名称: 乔建		日期: 2019年12月13日				第1页 共1页
客户电话: 13832539582		收货地址: 河北省唐山市丰南区丰南镇高庄子村东南小区五排8号				编号: 19121301

序号	产品名称	规格型号	单位	数量	金额	发仓仓库	备注
1	B产品	智能系统	件	2	4 972.00	成品仓	
合计				2	4 972.00		

收货人: 乔建　审核: 刘坤　制单: 陈良松　业务员: 宋建龙

注: 以上货物请核对数量,如有质量问题,请在收货后3天内通知本公司,逾期恕不负责

【业务凭证37-3】

深圳增值税普通发票

044031900304　　No 38527141

此联不作报销、扣税凭证使用

校验码: 46546 89823 20964 20984 49808　　开票日期: 2019年12月13日

购买方	名称: 乔建					密码区	89753->-*7789354*49620439789>1587 2*16289>15813*<80/08>9<1182/3<692 2*4874-0965<4>6+3<2/3<696+73<362/ 63553<362*+>05892+6>*0*619-	
	纳税人识别号:						
	地址、电话:						
	开户行及账号:						

货物或应税劳务、服务名称	规格型号	单位	数量	单价	金额	税率	税额
*B产品	智能系统	件	2	2 200.00	4 400.00	13%	572.00
合计					¥4 400.00		¥572.00

计税合计(大写)　　◎　肆仟玖佰柒拾贰圆整　　(小写) ¥4 972.00

销售方	名称: 深圳市安护智能科技有限公司
	纳税人识别号: 524403042190432751
	地址、电话: 深圳市南山区科技园南区深圳数字技术园0755-86006635
	开户行及账号: 中国工商银行南山支行 4402027564523892436

收款人: 刘子双　复核: 周祥明　开票人: 李凯　销售方: (章)

实训四 中小企业会计日常经济业务处理实训

【业务凭证38-1】

深圳市安护智能科技有限公司
资金对账单

打印日期:2019年12月14日　　　　　　　　制表单位:国泰证券有限公司深圳营业部
资金账户:4404280756852436845　　　　　股东代码:012421
股东名称:深圳市安护智能科技有限公司
开始日期:20191214　　　　　　　　　　　结束日期:20191214
当前资金余额:300 000.00　　　　　　　　可用余额:300 000.00

日期	操作	证券代码	证券名称	成交数量	成交均价	参考成本	当期股票市价摘要	
20191214	证券买入	600000	浦发银行	10 000	9.46	93 100	94 600.00	证券买入
合计							94 600.00	

记账: 王源元　　审核: 李倩　　制表: 王菲菲

【业务凭证38-2】

成交过户交割单

2019/12/14

股东编号:	A3676455451	成交证券:	人民币储
电脑编号:	845968	成交数量:	10 000
公司代号:	213	成交价格:	9.46
申请编号:	712	成交金额:	94 600.00
申报时间:	10:15:22	标注佣金:	1 000.00
成交时间:	10:31:24	过户费用:	200.00
上次余额:	0(股)	印花税:	
本次成交:	10 000(股)	应付金额:	95 800.00
本次余额:	10 000(股)	最终余额:	204 200.00
附加费用:		实付金额:	95 800.00

经办单位:国泰证券有限公司　　客户签章:深圳市安护智能科技有限公司

【业务凭证39】

中国工商银行　网上银行电子回单

回单号码：0019-3075-9849-1117

付款人	户名	深圳市安护智能科技有限公司	收款人	户名	丰发公司
	账号	44030520020305768954		账号	3700019241222378549
	开户银行	中国工商银行南山支行		开户银行	交通银行北京海淀支行
金额		¥200 000.00	金额（大写）		人民币贰拾万元整
摘要		支付定金	业务（产品）种类		
用途					
交易流水	14359711		时间戳	2019-12-14.14.15.603501	
备注：					
验证码					
记账网点	00260	记账柜员	00102	记账日期	2019年12月14日

打印日期：2019年12月14日

【业务凭证40-1】

深圳市安护智能科技有限公司
外购材料入库单

供应商：新景公司　　　　　　　　　　　　　　　　　　　　第1页　共1页
收料仓库：原材料仓库　　　　　　2019年12月15日　　　　类型：外购
　　　　　　　　　　　　　　　　　　　　　　　　　　　　编号：19121501

序号	物料编码	名称	规格型号	单位	数量		收料仓库	源单单号	备注
					应收	实收			
1	003	丙材料	XD-725 黑色	件	1 000	1 000	原材料仓	CG191202	
合计					1 000	1 000			

审核：王准　　　　记账：李凯　　　　验收：张贵军　　　　制单：陈良松

【业务凭证40-2】

深圳增值税专用发票　No 04567241

发票联

开票日期：2019年12月15日

购买方：
- 名称：深圳市安护智能科技有限公司
- 纳税人识别号：524403042190432751
- 地址、电话：深圳市南山区科技园南区深圳数字技术园 0755-86006635
- 开户行及账号：中国工商银行南山支行 4402027564523892436

货物或应税劳务、服务名称	规格型号	单位	数量	单价	金额	税率	税额
*丙材料	XD-725 黑色	件	1 000	695.15	695 150.00	13%	903 69.50
合计					¥695 150.00		¥903 69.50

计税合计（大写）：柒拾捌万伍仟伍佰壹拾玖圆伍角零分　（小写）¥785 519.50

销售方：
- 名称：新景公司
- 纳税人识别号：914403003501061856
- 地址、电话：深圳市福田区华龙科技园 0755-86723462
- 开户行及账号：工商银行深圳水榭春天支行 4000042807100524315

收款人：胡珍美　复核：郭远州　开票人：胡少美　销售方：（章）

【业务凭证40-3】

深圳增值税专用发票　No 04567241

发票联

开票日期：2019年12月15日

购买方：
- 名称：深圳市安护智能科技有限公司
- 纳税人识别号：524403042190432751
- 地址、电话：深圳市南山区科技园南区深圳数字技术园 0755-86006635
- 开户行及账号：中国工商银行南山支行 4402027564523892436

货物或应税劳务、服务名称	规格型号	单位	数量	单价	金额	税率	税额
*丙材料运费		件	1 000	1.00	1 000.00	9%	90.00
合计					¥1 000.00		¥90.00

计税合计（大写）：壹仟零玖拾圆整　（小写）¥1 090.00

销售方：
- 名称：快捷通物流有限公司
- 纳税人识别号：23011166182703325B
- 地址、电话：深圳市福田区华龙科技园 0755-86723462
- 开户行及账号：工商银行深圳福田支行 4026046247106984424

收款人：黄梅　复核：吴涛慧　开票人：钟娟蓉　销售方：（章）

实训四　中小企业会计日常经济业务处理实训

【业务凭证40-4】

中国工商银行　网上银行电子回单

回单号码：0019-3075-9849-1114

付款人	户名	深圳市安护智能科技有限公司	收款人	户名	新景公司
	账号	4402027564523892436		账号	400004287100524315
	开户银行	中国工商银行南山支行		开户银行	深圳水榭春天支行
金额		¥786 609.50	金额（大写）		人民币柒拾捌万陆仟陆佰零玖元伍角整
摘要		支付货款及运费	业务（产品）种类		
用途					
交易流水		14359706	时间戳		2019-12-15.16.24.603512
备注：		支付货款及运费			
验证码					
记账网点	00260	记账柜员	00102	记账日期	2019年12月15日

（中国工商银行电子回单专用章）

打印日期：2019年12月15日

【业务凭证41】

深圳增值税专用发票

No 51740265

4403194130　　　　　　　　　　　　　　　4403194130
　　　　　　　　　　　此联不作报销和抵扣凭证使用　　　　51740265

校验码　77658 34513 56342 09465　　　　开票日期：2019年12月15日

购买方	名　称	清逸公司	密码区	50090->-*6732282*49620439713*7<832*16289>15813*7<80/08>9<1189<11842*4874-0965<4>6+3<2/3<696+73<2/3363553<362*+>05892+6>*0*619-
	纳税人识别号	914403003500166518		
	地址、电话	深圳市宝安区科技园区科创数字技术园 0755-86638956		
	开户行及账号	中国工商银行宝安支行 44020275645232396156		

货物或应税劳务、服务名称	规格型号	单位	数量	单价	金额	税率	税额
*维修B产品	WD-609黑色				4 500.00	13%	585.00
合计					¥4 500.00		¥585.00

现金收讫

计税合计（大写）　⊗ 伍仟零捌拾伍圆整　　　　　（小写）¥5 085.00

销售方	名　称	深圳市安护智能科技有限公司	备注
	纳税人识别号	524403042190432751	
	地址、电话	深圳市南山区科技园区深圳数字技术园 0755-86006635	
	开户行及账号	中国工商银行南山支行 4402027564523892436	

收款人：刘子双　　　复核：周祥名　　　开票人：李凯　　　销售方：（章）

【业务凭证42】

中国工商银行 网上银行电子回单

回单号码：0019-3075-9849-1118

付款人	户名	刘子双		收款人	户名	深圳市安护智能科技有限公司
	账号				账号	4402027564523892436
	开户银行				开户银行	中国工商银行南山支行
金额		¥5 085.00		金额（大写）		伍仟零捌拾伍元整
摘要		存现		业务（产品）种类		
用途						
交易流水	14359703			时间戳		2019-12-16.10.24.603535
	备注：存现					
（中国工商银行 电子回单 专用章）						
	验证码					
记账网点	00260		记账柜员	00102	记账日期	2019年12月16日

打印日期：2019年12月16日

【业务凭证43】

中国工商银行
现金支票存根
44030289
68346459

附加信息

出票日期 2019 年 12 月 16 日
收款人： 深圳市安护智能科技有限公司
金额： ¥5 000.00
用途： 提取备用金
单位主管 周祥名　　会计 李凯

实训四　中小企业会计日常经济业务处理实训

【业务凭证44-1】

深圳增值税专用发票

4403194130　　　　　　　　　　　　　　　　　　No 18965309

此联不作报销、扣税凭证使用

4403194130
18965309

校验码　88489 243512 90243 35426　　　　　　开票日期：2019年12月16日

购买方	名　　称：	家园公司	密码区	05892->-*15813*4962043979>6732*7<80/08 2*16289>6732282*7<80/08>9<1188>9<11>98 2*4874-0965<4>6+3<2/3<696+72/3<6972/34 63553<362*+>+6>*0*619-
	纳税人识别号：	52440124886726846B		
	地址、电话：	广州市天河区天河东路 020-868365247		
	开户行及账号：	中国工商银行天河支行44019029587952387		

货物或应税劳务、服务名称	规格型号	单位	数量	单价	金额	税率	税额
*A产品	通用X5系统	件	200	2 750.00	550 000.00	13%	71 500.00
合　　　计					￥550 000.00		￥71 500.00
计税合计（大写）	⊗陆拾贰万壹仟伍佰圆整				（小写）￥621 500.00		

销售方	名　　称：	深圳市安护智能科技有限公司	备注
	纳税人识别号：	524403042190432751	
	地址、电话：	深圳市南山区科技园南区深圳数字技术园0755-86006635	
	开户行及账号：	中国工商银行南山支行 4402027564523892436	

收款人：刘子双　　复核：周祥明　　开票人：李凯　　销售方：（章）

第一联：记账联　销售方记账凭证

税总局 [2017]514号中钞光华印制有限公司

【业务凭证44-2】

深圳市安护智能科技有限公司
送货单

客户名称：家园公司　　日期：2019年12月16日　　第1页 共1页
客户电话：020-868365247　　收货地址：广州市天河区天河东路广州市天河区天河东路　　编号：19121601

序号	产品名称	规格型号	单位	数量	金额	发仓仓库	备注
1	A产品	通用X5系统	件	200	550 000.00	成品仓	
合计				200	550 000.00		

收货人：　　审核：刘坤　　制单：陈良松　　业务员：宋建龙

注：以上货物请核对数量，如有质量问题，请在收货后3天内通知本公司，逾期恕不负责

【业务凭证44-3】

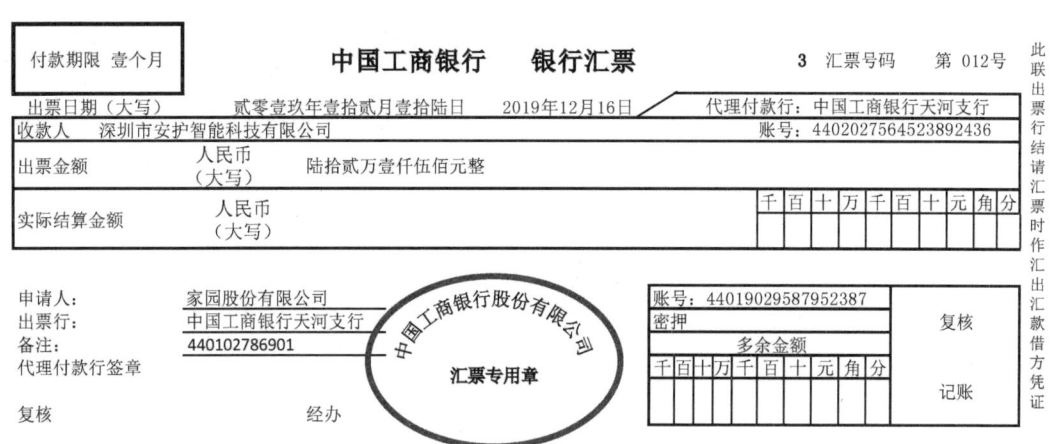

【业务凭证45】

中国工商银行　网上银行电子回单

回单号码：0019-3075-9849-1119

付款人	户名	广州顺安物业管理公司	收款人	户名	深圳市安护智能科技有限公司
	账号	4402689363846785849		账号	4402027564523892436
	开户银行	中国工商银行越秀支行		开户银行	中国工商银行南山支行
金额		¥167 618.00	金额（大写）		人民币 壹拾陆万柒仟陆佰壹拾捌元整
摘要		顺安公司偿还欠款	业务（产品）种类		
用途					
交易流水号	14359714		时间戳		2019-12-17.15.24.63053
电子回单　　　专用章	备注：偿还欠款				
	验证码				
记账网点	00260	记账柜员		00102	记账日期　2019年12月17日

打印日期：2019年12月17日

实训四 中小企业会计日常经济业务处理实训

【业务凭证46】

中国工商银行　网上银行电子回单

回单号码：0019-3075-9849-1120

付款人	户名	丰发公司	收款人	户名	深圳市安护智能科技有限公司
	账号	3700019421222378549		账号	4402027564523892436
	开户银行	交通银行北京海淀支行		开户银行	中国工商银行南山支行
金额		¥8 000.00	金额（大写）		人民币捌仟元整
摘要		收到违约赔偿金	业务（产品）种类		
用途					
交易流水号		14359716	时间戳		2019-12-17.16.23.603512
(电子回单专用章)	备注：收到违约赔偿金				
	验证码				
记账网点	00260	记账柜员	00102	记账日期	2019年12月17日

打印日期：2019年12月17日

【业务凭证47】

深圳市安护智能科技有限公司
领　料　单

领料部门：　　　　　　　　　　　　　　　　　　　年　月　日　　第　号

编号	名称	规格	数量	单价	金额								备注
					十	万	千	百	十	元	角	分	
合计人民币（大写）										¥			

会计：　　　　　记账：　　　　　复核：　　　　　领料：　　　　　制单：

【业务凭证48-1】

【业务凭证48-2】

中国工商银行 网上银行电子回单

回单号码：0019-3075-9849-1121

付款人	户名	深圳市安护智能科技有限公司	收款人	户名	沿海大学
	账号	4402027564523892436		账号	4402589456582892355
	开户银行	中国工商银行南山支行		开户银行	中国建设银行前海支行
	金额	¥60 000.00		金额（大写）	人民币 陆万元整
	摘要	支付研发费用		业务（产品）种类	
	用途				
交易流水	14359715			时间戳	2019-12-19.16.24.63054
	备注：	研发费用			
	验证码				
记账网点	00260	记账柜员		00102	记账日期	2019年12月19日

打印日期：2019年12月19日

实训四 中小企业会计日常经济业务处理实训

【业务凭证49-1】（提示：原始凭证有误，请认真审核后操作）

深圳市安护智能科技有限公司
差旅报销单

报销部门：销售部　　　　　　2019年 12 月 20 日　　　　　附件共12张

姓名	王强		职别	销售经理		出差事由		去云南考察新项目		
部门负责人审批	王丰凯		财务部经理审批		周祥名		总经理审批		王晓岚	

出差起止日期自 2019 年 12 月 12 日起至 2019 年 12 月 17 日止共 6 天

日期		起讫地点	天数	机票费	车船费	市内交通费	住宿费	出差补助	其他	小计
月	日									
12	12	深圳—北京	1	810.00						810.00
12	15	北京	5			现金付讫	1 007.00	353.00		1 360.00
12	16	北京—深圳		830.00						830.00
		合计	6	1 640.00		0.00	1 007.00	353.00		3 000.00

总计金额（大写）　叁仟元整　　　预支 3 000 元　　　补款 0 元

出纳：刘子双　　　复核：周祥名　　　报销人：王强

【业务凭证49-2】

云南增值税专用发票　No 05478936

5301012468　　　　　　　　　　　发票联　　　　　　　　　5301012468
　　　　　　　　　　　　　　　　　　　　　　　　　　　　　05478936
校验码　25846 89045 89564 72545　　　　　开票日期：2019年12月20日

购买方	名　称：	深圳市安护智能科技有限公司	密码区	50090->-*6732282*4962043975<4>6+3 2*16289>15813*7<80/08>9<1182/3<69 2*4874-0965<4>6+3<2/3<696+7892+6> 63553<362*+>05892+6>*0*619
	纳税人识别号：	524403042190432751		
	地　址、电话：	深圳市南山区科技园南区深圳数字技术园0755-86006635		
	开户行及账号：	中国工商银行南山支行 4402027564523892436		

货物或应税劳务、服务名称	规格型号	单位	数量	单价	金额	税率	税额
*住宿费		床	5	190.00	950.00	6%	57.00
合计					¥950.00		¥57.00
价税合计（大写）	⊗ 壹仟零柒圆整				（小写）¥1 007.00		

销售方	名　称：	云南昆明市汉庭城市快捷酒店	备注	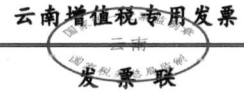
	纳税人识别号：	91530101245669456668		
	地　址、电话：	云南省昆明市鲜花大道 0871-68655627		
	开户行及账号：	中国工商银行昆明支行 5301893658465389670		

收款人：汪杰　　复核：宋坤　　开票人：付芳　　销售方：（章）

实训四　中小企业会计日常经济业务处理实训

【业务凭证50】

中国工商银行　网上银行电子回单

回单号码：0019-3075-9849-1122

付款人	户名	阳光公司	收款人	户名	深圳市安护智能科技有限公司
	账号	4403386592566785320		账号	4402027564523892436
	开户银行	中国工商银行三水支行		开户银行	中国工商银行南山支行
金额		¥400 000.00	金额（大写）		人民币 肆拾万元整
摘要		阳光公司预收货款	业务（产品）种类		
用途					
交易流水	14359720		时间戳	2019-12-20.11.33.625704	
备注	阳光公司预收货款				
验证码					
记账网点	00260	记账柜员	00102	记账日期	2019年12月20日

打印日期：2019年12月20日

【业务凭证51】

实训四 中小企业会计日常经济业务处理实训

【业务凭证52-1】

深圳市安护智能科技有限公司
外购材料入库单

供应商：丰发公司　　　　　　　　　　　　　　　　　　　第1页　共1页
收料仓库：原材料仓库　　　　2019年12月21日　　　　　类型：外购
　　　　　　　　　　　　　　　　　　　　　　　　　　　　编号：19122201

| 序号 | 物料编码 | 名称 | 规格型号 | 单位 | 数量 | | 收料仓库 | 源单单号 | 备注 |
					应收	实收			
1	002	乙材料	SQ-659	件	1 000	1 000	原材料仓	CG191204	
合计				件	1 000	1 000			

审核：王准　　　记账：李凯　　　验收：张贵军　　　制单：陈良松

【业务凭证52-2】

北京增值税专用发票

1100096124　　　　　　　　　　　　　　　　　　No 18965421

发票联

校验码：38682 28698 38902 65490

1100096124
18965421

开票日期：2019年12月21日

购买方	名　称：	深圳市安护智能科技有限公司	密码区	50103**6732295*4962044102*16289>15826*7<80/08>9<1312*48740965<17>6+3<2/3<696+2063553<375*+>05892+6>*0*632-553<375*+>05
	纳税人识别号：	52440304219043275		
	地址、电话：	深圳市南山区科技园南区深圳数字技术园0755-86006635		
	开户行及账号：	中国工商银行南山支行 4402027564523892436		

货物或应税劳务、服务名称	规格型号	单位	数量	单价	金额	税率	税额
*乙材料	SQ-659	件	1 000	633.00	633 000.00	13%	82 290.00
合　计					￥633 000.00		￥82 290.00
计税合计（大写）		⊗ 柒拾壹万伍仟贰佰玖拾圆整			（小写）￥715 290.00		

销售方	名　称：	丰发公司	备注	
	纳税人识别号：	91101144952137 8143B		
	地址、电话：	北京市海淀区重庆路010-37467891		
	开户行及账号：	交通银行北京海淀支行3700019421222378549		

收款人：李敏　　　复核：王红　　　开票人：李丽　　　销售方：（章）

实训四 中小企业会计日常经济业务处理实训

【业务凭证52-3】

【业务凭证52-4】

中国工商银行 网上银行电子回单

回单号码：0019-3075-9849-1123

	户名	深圳市安护智能科技有限公司		户名	丰发公司
付款人	账号	4402027564523892436	收款人	账号	370001921222378549
	开户银行	中国工商银行南山支行		开户银行	交通银行北京海淀支行
金额		¥516 380.00	金额（大写）		人民币 伍拾壹万陆仟叁佰捌拾元整
摘要		支付货款及运费	业务（产品）种类		
用途					
交易流水号		14359720	时间戳		2019-12-21.14.21.597263
	备注：	支付货款			
	验证码				
记账网点	00260	记账柜员	00102	记账日期	2019年12月21日

打印日期：2019年12月21日

实训四 中小企业会计日常经济业务处理实训

【业务凭证53】

中国建设银行　网上银行电子回单

回单号码：0019-3075-9849-1117

付款人	户名	深圳市财政局	收款人	户名	深圳市安护智能科技有限公司
	账号	4402010089767856784		账号	4403052002030576 8954
	开户银行	中国建设银行福田支行		开户银行	中国建设银行南山支行
	金额	¥50 000.00		金额（大写）	人民币伍万元整
	摘要	政府奖励金		业务（产品）种类	
	用途				
交易流水	14359708		时间戳	2019-12-21.15.24.6256891	
	备注：				
	验证码				
记账网点	00360	记账柜员	00202	记账日期	2019年12月21日

打印日期：2019年12月21日

【业务凭证54-1】

深圳增值税专用发票

4403194130　　　　　　　　　　No 00092568

校验码　68924 68902 54763 89024　　　　开票日期：2019年12月22日

购买方	名称	深圳市安护智能科技有限公司
	纳税人识别号	524403042190432751
	地址、电话	深圳市南山区科技园南区深圳数字技术园0755-86006635
	开户行及账号	中国工商银行南山支行 4402027564523892436

密码区：50147>*6732339*4962044542*16289>1 5870*7<80/08>9<1752*4874*0965<61> 6+3<2/3<696+6463553<419*+>05892+6 >*0*676-

货物或应税劳务、服务名称	规格型号	单位	数量	单价	金额	税率	税额
*安装劳务费		次	1	20 000.00	20 000.00	9%	1 800.00
合计					¥20 000.00		¥1 800.00

价税合计（大写）　　　　　　　　　　　　　　　　　　　　　　　　　（小写）¥21 800.00
　　　　　　　　　　　　　　　　　　　　　　　　　　　　　　　　　　　　　　　 ○ 贰万壹仟捌佰圆整

销售方	名称	深圳新发安装公司
	纳税人识别号	914403087865 9259689
	地址、电话	深圳市南山区发展南路0755-86847567
	开户行及账号	中国建设银行深圳南山支行 4403897878659259681

备注：深圳新发安装公司 914403087865 9259689 发票专用章

收款人：秦凤　　复核：谭明烟　　开票人：胡玉　　销售方：（章）

实训四 中小企业会计日常经济业务处理实训

【业务凭证54-2】

中国工商银行 网上银行电子回单

回单号码：0019-3075-9849-1124

付款人	户名	深圳市安护智能科技有限公司	收款人	户名	深圳新发安装公司
	账号	4402027564523892436		账号	4403897878659259689
	开户银行	中国工商银行南山支行		开户银行	中国建设银行深圳南山支行
金额		¥21 800.00	金额（大写）		人民币 贰万壹仟捌佰元整
摘要		支付劳务费	业务（产品）种类		
用途					
交易流水号		14359717	时间戳		2019-12-22.16.34.603513
	备注：支付劳务费				
	验证码				
记账网点	00260	记账柜员	00102	记账日期	2019年12月22日

打印日期：2019年12月22日

【业务凭证54-3】

深圳市安护智能科技有限公司
固定资产卡片（正面）

固定资产类别：机器				卡片编号			
固定资产项目名称	2号生产线设备	型号规格或技术特点		建设单位或制造工厂名称	市机械厂	取得来源	自建
原值	1 537 772	安装费	20 000	预计终值	123 021.76	预计清理费用	0
建造日期	2019年11月份	验收日期		开始使用日期	2019年12月份	预计使用年限	10年
年折旧额		年折旧率		月折旧额		月折旧率	
投入日期		投入时己使用年限		尚能使用年限		投入时已提折旧额	
使用或保管部分变动情况				原价变动记录		附属设备记录	
日期	凭证	使用或保管部门	日期	凭证	增加	减少	名称	规格	单位	数量

审核：周祥名　　记账：李凯　　验收：吴庆奎　　制单人：王发才

【业务凭证54-4】

深圳市安护智能科技有限公司
竣工验收报告

2019年12月22号　　　　　　编号： 19122101

名称	2号生产线设备	规格		制造单位	市机械厂	来源	自建
验收工程	生产线安装工程		总造价	1 537 772.00		使用年限	10年
验收小组意见	工程质量：符合质量要求 设备性能：良好 使用情况：良好　　　　　　　　　　　组长：李安文							

审核：周祥名　　　记账：李凯　　　验收：吴庆奎　　　制单人：王发才

【业务凭证55】

深圳市安护智能科技有限公司
借　支　单

2019年12月22日　　　　　　编号： 247

借支人姓名	市场部李梅		
借支事由	拜访客户费用	现金付讫	
人民币（¥）	1 000		
借款时间	2019年12月22日	还款时间	2019年12月28日
还款方式	费用报销凭证		
核准	周祥名　　会计：李凯　　出纳：刘子双　　借支人：李梅		

实训四 中小企业会计日常经济业务处理实训

【业务凭证56-1】

【业务凭证56-2】

中国工商银行　网上银行电子回单

回单号码：0019-3075-9849-1125

付款人	户名	深圳市安护智能科技有限公司	收款人	户名	深圳市南山区供电局
	账号	4402027564523892436		账号	4008042807100745864
	开户银行	中国工商银行南山支行		开户银行	中国工商银行福田支行
金额		¥4 360.39	金额（大写）		人民币 肆仟叁佰陆拾元叁角玖分
摘要		支付电费	业务（产品）种类		
用途					
交易流水		14359718	时间戳		2019-12-23.15.24.625702
备注		支付电费			
验证码					
记账网点	00260	记账柜员	00102	记账日期	2019年12月23日

打印日期：2019年12月23日

实训四 中小企业会计日常经济业务处理实训

【业务凭证56-3】

深圳市安护智能科技有限公司
电费分配表
2019年12月23日

序号	部门	数量（千瓦时）	分配率	金额（元）	备注
1	营销系统	108.00			
2	制造系统	2 820.00			
3	研发系统	629.00			
4	综合系统	118.00			
	合计	3 675.00			

审核：周祥名　　　　制表：董璇

注：分配率用两位小数。

【业务凭证57-1】

【业务凭证57-2】

中国工商银行　网上银行电子回单

回单号码：0019-3075-9849-1126

付款人	户名	深圳市安护智能科技有限公司	收款人	户名	深圳市南山区数字科技园物业管理公司
	账号	4402027564523892436		账号	4403568792447698644
	开户银行	中国工商银行南山支行		开户银行	中国工商银行南山支行
	金额	￥2 026.01		金额（大写）	人民币贰仟零贰拾陆元壹分
	摘要	支付水费		业务（产品）种类	
	用途				
交易流水号	14359719			时间戳	2019-12-23.15.24.625703
（电子回单专用章）	备注：支付水费				
	验证码				
记账网点	00260	记账柜员	00102	记账日期	2019年12月23日

打印日期：2019年12月23日

【业务凭证57-3】

深圳市安护智能科技有限公司

水费分配表

2019年12月23日

序号	部门	数量（吨）	分配率	金额（元）	备注
1	营销系统	14.00			
2	制造系统	307.00			
4	研发系统	99.00			
5	综合系统	142.00			
	合计	562.00			

审核：周祥名　　　　　　　　制表：董璇

注：分配率用两位小数。

【业务凭证58】

深圳市安护智能科技有限公司
领 料 单

领料部门：　　　　　　　　　　　　　　　　　　　　年　　月　　日　　第　　号

编号	名称	规格	数量	单价	金额									备注
					十	万	千	百	十	元	角	分	
	合计人民币（大写）							¥					

会计：　　　　　记账：　　　　　复核：　　　　　领料：　　　　　制单：

【业务凭证59】

深圳市安护智能科技有限公司
费用报销单

报销部门：综合部　　2019年 12 月23 日　　附件共 2 张

用　　途	金额（元）	备　　注			
通讯费	200.00	部门领导审批	李凯		
		财务部经理审批	周祥名	总经理审批	王晓岚
	现金付讫				
合　计	¥200.00				
合计人民币（大写）：贰佰元整		原借款：0 元　应退余款：0 元			

出纳：刘子双　　　　　复核：周祥名　　　　　报销人：王晓岚

实训四　中小企业会计日常经济业务处理实训

【业务凭证60】

深圳增值税普通发票

044031900304　　　　　　　　　　　　　No 52870689

发票联

校验码　89238 84209 06429 57468　　　　　开票日期：2019年12月23日

购买方	名　　称：深圳市安护智能科技有限公司
	纳税人识别号：524403042190432751
	地　　址、电　　话：深圳市南山区科技园南深圳数字技术园 0755-86006635
	开户行及账号：中国工商银行南山支行 4402027564523892436

密码区：
50125*6732317*4962044322*16289>15
848*7<80/08>9<1532*48740965<39>6+
3<2/3<696+4263553<397*+>05892+6>*
0*654-

货物或应税劳务、服务名称	规格型号	单位	数量	单价	金额	税率	税额
*清洁劳务					485.44	3%	14.56
合计					¥485.44		¥14.56

计税合计（大写）：　伍佰圆整　　　（小写）¥500.00

销售方	名　　称：深圳南山清风清洁公司
	纳税人识别号：914403010058764762F
	地　　址、电　　话：深圳市南山区凤凰路57号 0755-86579856
	开户行及账号：中国工商银行南山支行 4402027564523899687

备注：（发票专用章：深圳南山清风清洁公司 914403010058764762F）

收款人：吴欢　　复核：韩磊　　开票人：李梅　　销售方：（章）

【业务凭证61】

深圳市安护智能科技有限公司
费用报销单

报销部门：市场部　　2019年12月23日　　附件共4张

用　　途	金额（元）	备　　注	12月22日预支1 000元，现金补足880元		
交通费	580.00	部门领导审批	王丰凯		
购买礼物送客户	1 300.00				
	现金付讫	财务部经理审批	周祥名	总经理审批	王晓岚
合　计	¥1 880.00				

合计人民币（大写）：　壹仟捌佰捌拾元整　　　原借款：1 000元　补款：880元

出纳：刘子双　　复核：周祥名　　报销人：李梅

实训四 中小企业会计日常经济业务处理实训

【业务凭证62】

深圳增值税普通发票

发票联

044031900304

044031900304
31610679

校验码：64195 85474 13477 43240　　开票日期：2019年12月25日

购买方	名　称：	深圳市安护智能科技有限公司	密码区	17+7<77 584>5946*9*50<9/83< 578881»2 9<+/10721<617+7<775843B370837001837 001835>5946*9*394/05+*22+9<*22+989 /-*505+*22+9<258)/—7-620-+
	纳税人识别号：	524403042190432751		
	地址、电话：	深圳市南山区科技园南区深圳数字技术园0755-86006635		
	开户行及账号：	中国工商银行南山支行 4402027564523892436		

货物或应税劳务、服务名称	规格型号	单位	数量	单价	金额	税率	税额
*通信业务服务费			1	338	338.00	*	
合　　计					¥338.00		

价税合计（大写）　⊗　叁佰叁拾捌圆整　　　　　　　　（小写）¥338.00

销售方	名　称：	中国移动通信集团广东有限公司深圳分公司	备注	91440101618652334F 发票专用章
	纳税人识别号：	91440101618652334F		
	地址、电话：	深圳南山区天河北路610号金海大厦15802006688		
	开户行及账号：	工商银行南山办事处 3602013609002592884		

收款人：许伟城　　　复核：丁烨　　　开票人：许伟城　　　销售方：（章）

【业务凭证63】

深圳增值税普通发票

044031900304　　　　　　　　　　　　　　　　　No 04347278　　　　　　044031900304
此联不作报销抵税凭证使用　　　　　　　　　　　　　　　　　　　　　　4347278

校验码：20938 84064 29746 58823　　开票日期：2019年12月26日

购买方	名　称：	深圳市南山骏品废品回收公司	密码区	50122>*6732314<4962044292*16289>1 5845*7<80/08>9<1502*48740965<36>6 +3<2/3<696+3963553<394*+>05892+6> *0*651-
	纳税人识别号：	9144030989023856478		
	地址、电话：	深圳市南山区科学大道0755-82036578		
	开户行及账号：	中国工商银行罗湖支行 4402027564523826897		

货物或应税劳务、服务名称	规格型号	单位	数量	单价	金额	税率	税额
*边角料废品					2 300.00	13%	299.00
合　　计					¥2 300.00		¥299.00

现金收讫

价税合计（大写）　⊗　贰仟伍佰玖拾玖圆整　　　　　　　（小写）¥2 599.00

销售方	名　称：	深圳市安护智能科技有限公司	备注	
	纳税人识别号：	524403042190432751		
	地址、电话：	深圳市南山区科技园南区深圳数字技术园0755-86006635		
	开户行及账号：	中国工商银行南山支行 4402027564523892436		

收款人：刘子双　　　复核：周祥明　　　开票人：李凯　　　销售方：（章）

实训四 中小企业会计日常经济业务处理实训

【业务凭证64】

深圳市安护智能科技有限公司
领 料 单

领料部门：　　　　　　　　　　　　　　　　　　　　年　月　日　第　号

编号	名称	规格	数量	单价	金额 十 万 千 百 十 元 角 分	备注
合计人民币（大写）					￥	

会计：　　　　记账：　　　　复核：　　　　领料：　　　　制单：

【业务凭证65】

中国建设银行　网上银行电子回单

回单号码：0019-3075-9849-1118

付款人	户名	中国建设银行南山支行	收款人	户名	深圳市安护智能科技有限公司
	账号			账号	44030520020305768954
	开户银行			开户银行	中国建设银行南山支行
金额		¥3 800.00	金额（大写）		人民币叁仟捌佰元整
摘要		存款利息收入	业务（产品）种类		
用途					
交易流水号	14359708		时间戳	2019-12-28.15.24.6256891	
备注		存款利息收入			
验证码					
记账网点	00360	记账柜员	00202	记账日期	2019年12月28日

（中国建设银行 电子银行专用章）

打印日期：2019年12月28日

【业务凭证66】

深圳市安护智能科技有限公司
领　料　单

领料部门：　　　　　　　　　　　　　　　　　　　　年　　月　　日　　第　　号

编号	名称	规格	数量	单价	金额									备注
					十	万	千	百	十	元	角	分	
合计人民币（大写）									¥				

会计：　　　　　记账：　　　　　复核：　　　　　领料：　　　　　制单：

【业务凭证67-1】

深圳市安护智能科技有限公司

2019年12月29日

借款应付利息计算表　　　　　　　　　　　　　　　　单位：元

项目	借款银行	借款种类	借款期限	借款本金	年利率	本期数
1	工商银行	长期借款	6年	600 000	5.40%	2 700
合计						

审核：王晓岚　　　　　复核：周祥名　　　　　制表：李凯

实训四 中小企业会计日常经济业务处理实训

【业务凭证67-2】

中国工商银行 网上银行电子回单

回单号码：0019-3075-9849-1127

付款人	户名	深圳市安护智能科技有限公司	收款人	户名	中国工商银行南山支行
	账号	4402027564523892436		账号	
	开户银行	中国工商银行南山支行		开户银行	
金额		¥2 700.00	金额（大写）		人民币 贰仟柒佰元整
摘要		支付本月利息	业务（产品）种类		
用途					
交易流水		143597121	时间戳		2019-12-29.10.24.603518
备注：支付本月利息					

（中国工商银行 电子回单专用章）

验证码

记账网点 00260　记账柜员　　　　　00102　记账日期 2019年12月29日

打印日期：2019年12月29日

【业务凭证68】

深圳市安护智能科技有限公司

本月职工工资汇总表　　　　　2019年12月31日

部门		职工人数	标准工资	岗位津贴	奖金	餐费补贴	水电补贴	应付工资	扣缴个人社保费用	实发工资
制造系统	生产部	198	421 740.00	9 900.00	39 600.00	5 940.00	3 960.00	481 140.00	37 328.94	443 811.06
	品质部	12	25 560.00	2 400.00	2 400.00	360.00	240.00	30 960.00	2 262.36	28 697.64
营销系统	市场部	6	12 780.00	1 800.00	12 000.00	180.00	120.00	26 880.00	1 131.18	25 748.82
	销售部	8	17 040.00	4 000.00	24 000.00	240.00	160.00	45 440.00	1 508.24	43 931.76
研发系统	总部硬件组	6	12 780.00	12 000.00	1 200.00	180.00	120.00	26 280.00	1 131.18	25 148.82
	UI设计组	4	8 520.00	16 000.00	12 000.00	120.00	80.00	36 720.00	754.12	35 965.88
综合系统	人事部	3	6 390.00	3 000.00	2 400.00	90.00	60.00	11 940.00	565.59	11 374.41
	财务部	3	6 390.00	3 000.00	3 000.00	90.00	60.00	15 540.00	565.59	14 974.41
	采购部	4	8 520.00	4 000.00	4 000.00	120.00	80.00	16 720.00	754.12	15 965.88
	IT电脑部	2	4 260.00	4 000.00	2 000.00	60.00	40.00	10 360.00	377.06	9 982.94
合计		246	523 980.00	63 100.00	102 600.00	7 380.00	4 920.00	701 980.00	46 378.38	655 601.62

审核　王晓岚　　　复核　周祥名　　　制表　李凯

实训四 中小企业会计日常经济业务处理实训

【业务凭证69】

深圳市安护智能科技有限公司

结转本月职工工资　　　　2019年12月31日

部门		职工人数	应付工资	职工工会经费	职工教育经费	职工福利费	合计
制造系统	生产部	198	481 140.00				
	品质部	12	30 960.00				
营销系统	市场部	6	26 880.00				
	销售部	8	45 440.00				
研发系统	总部硬件组	6	26 280.00				
	UI设计组	4	36 720.00				
综合系统	人事部	3	11 940.00				
	财务部	3	15 540.00				
	采购部	4	16 720.00				
	IT电脑部	2	10 360.00				
合计		246	701 980.00				

审核：　王晓岚　　　　复核：　周祥名　　　　制表：　李凯

【业务凭证70】

深圳市安护智能科技有限公司

计提职工社会保险费　　　　2019年12月31日

部门		职工人数	企业缴纳社会保险费	合计	备注
制造系统	生产部	198			
	品质部	12			
营销系统	市场部	6			
	销售部	8			
研发系统	总部硬件组	6			
	UI设计组	4			
综合系统	人事部	3			
	财务部	3			
	采购部	4			
	IT电脑部	2			
合计		246			

审核：　王晓岚　　　　复核：　周祥名　　　　制表：　李凯

【业务凭证71】

深圳市安护智能科技有限公司

固定资产折旧计提表　　2019年12月31日

资产类别	房屋及建筑物		机器设备		其他设备		折旧额合计	备注
月折旧率	0.30%		0.80%		0.40%			
部门	月初原值	月折旧额	月初原值	月折旧额	月初原值	月折旧额		
制造系统	1 603 600.00	4 810.80	2 644 000.00	21 152.00			25 962.80	
营销系统	612 000.00	1 836.00					1 836.00	
研发系统	612 000.00	1 836.00	510 000.00	4 080.00	82 832.18	0	5 916.00	
综合系统	612 000.00	1 836.00			549 920.00	2 199.68	4 035.68	
合计	3 439 600.00	10 318.80	3 154 000.00	25 232.00	632 752.18	2 199.68	37 750.48	

审核：王晓岚　　复核：周祥名　　制表：李凯

【业务凭证72】

深圳市安护智能科技有限公司

无形资产摊销计算表　　2019年12月31日

摊销项目	原值	已摊销月数	已摊销金额	本月摊销额	备注
专利权	210 400.00	60	106 953.34	1 753.34	
商标权	494 400.00	60	251 320.00	4 120.00	
合计	704 800.00		358 273.34	5 873.34	

审核：王晓岚　　复核：周祥名　　制表：李凯

【业务凭证73】

深圳市安护智能科技有限公司

制造费用分配表　　　　2019年12月31日

制造费用 分配项目	A产品		B产品		合计
	分配率	分配金额	分配率	分配金额	
合　计					

审核：王晓岚　　　复核：周祥名　　　制表：李凯

【业务凭证74-1】

深圳市安护智能科技有限公司

产成品入库库汇总表　　2019年12月31日

产品名称	产品规格	单位	合格品数量	不合格品数量	库管员确认	备注
A产品	通用X5系统	件	150	0	陈良松	
B产品	智能系统	件	1 200	0	陈良松	
合计			1 350	0	陈良松	

审核：王晓岚　　　复核：王准　　　制表：陈良松

【业务凭证74-2】

深圳市安护智能科技有限公司

产品成本计算表

日期：2019年12月31日

产品名称	直接动力	直接材料	直接人工	制造费用	合　计
合计					

审核：　王晓岚　　　复核：　周祥名　　　制表：　李凯

【业务凭证75-1】

深圳市安护智能科技有限公司

产成品出库汇总表　　2019年12月31日

产品名称	产品规格	单位	销售数量	实发数量	库管员确认	备注
合计						

审核：　王晓岚　　　复核：　王准　　　制表：　陈良松

实训四 中小企业会计日常经济业务处理实训

【业务凭证75-2】

深圳市安护智能科技有限公司

产品主营业务成本计算表　2019年12月31日

产品名称	销售量(件)	产品单位成本(元)	主营业务成本(元)
A产品			
B产品			
合计			

审核：　王晓岚　　　　制表：　李凯

【业务凭证76】

深圳市安护智能科技有限公司

本月应交增值税计算表　2019年12月31日

销项税额(元)	进项税额(元)	减免额(元)	应交增值税(元)

会计：　李凯　　　　财务主管：　周祥名

实训四 中小企业会计日常经济业务处理实训

【业务凭证77】

深圳市安护智能科技有限公司

税金及附加计算表　　2019年12月31日

序号	项目	税基	税率	税额	备注
1	城建税				
2	教育费附加				
	合计				

审核：　王晓岚　　　复核：　周祥名　　　制表：　李凯

【业务凭证78-1】

深圳市安护智能科技有限公司

收入类科目汇总表　　2019年12月31日

序号	收入性损益科目	金额(元)
1	主营业务收入	
2	其他业务收入	
3	营业外收入	
4	投资收益（收入）	
5	合计	

会计：　李凯　　　财务主管：　周祥名

【业务凭证78-2】

深圳市安护智能科技有限公司

费用类科目汇总表　　2019年12月31日

序号	费用性损益科目	金额(元)	序号	费用性损益科目	金额(元)
1	主营业务成本		6	资产减值损失	
2	税金及附加		7	信用减值损失	
3	销售费用		8	营业外支出	
4	管理费用		9	公允价值变动损益（损失）	
5	财务费用		10	合　计	

会计：　李凯　　　　　财务主管：　周祥名

【业务凭证79】

深圳市安护智能科技有限公司

当期所得税费用计算表　　2019年12月31日

序　号	项　目	金额(元)
1	**全年税前会计利润**	
2	**加：纳税调整增加额**	
3	其中：非公益性捐赠	
4	业务招待费	
5	交易性金融资产处置结转投资收益	
6	固定资产减值准备	
7	坏账准备	
8	**减：纳税调整减少额**	
9	其中：公允价值变动损益	
10	根据被投资单位税后利润确定的投资收益	
11	研发支出加计扣除额	
11	**应纳税所得额**	
12	适用税率	
13	**应交所得税税额**	
14	减：预缴所得税税额	
15	减免所得税额	
16	**本期应补（退）的所得税税额**	

会计：　李凯　　　　　财务主管：　周祥名

【业务凭证80】

深圳市安护智能科技有限公司

计提盈余公积计算表　　　　2019年12月31日

项目	计提依据			计提率	计提金额(元)
	本年净利润(元)	以前年度未弥补亏损(元)	扣除以前年度亏损后净利润(元)		
法定盈余公积				10%	
任意盈余公积				5%	
合　计					

会计：　李凯　　　　财务主管：　周祥名

部分实验耗材示例

收 款 凭 证

总 号	
分 号	

借方科目 _____ 年　月　日　　附件　　张

摘要	应贷科目		过账	金额 (亿千百十万千百十元角分)
	一级科目	二级及明细科目		
合　　计				

财会主管　　　　记账　　　　出纳　　　　复核　　　　制单

收 款 凭 证

总 号	
分 号	

借方科目 _____ 年　月　日　　附件　　张

摘要	应贷科目		过账	金额 (亿千百十万千百十元角分)
	一级科目	二级及明细科目		
合　　计				

财会主管　　　　记账　　　　出纳　　　　复核　　　　制单

付 款 凭 证

总 号	
分 号	

贷方科目 _____   年   月   日   附件   张

摘要	应借科目		过账	金额
	一级科目	二级及明细科目		亿 千 百 十 万 千 百 十 元 角 分
合　计				

财会主管　　　记账　　　出纳　　　复核　　　制单　　　领款人签章

付 款 凭 证

总 号	
分 号	

贷方科目 _____   年   月   日   附件   张

摘要	应借科目		过账	金额
	一级科目	二级及明细科目		亿 千 百 十 万 千 百 十 元 角 分
合　计				

财会主管　　　记账　　　出纳　　　复核　　　制单　　　领款人签章

转 账 凭 证

总 号	
分 号	

年　　月　　日　　　　附件　　　张

摘要	一级科目	二级明细科目	过账	借方金额 千百十万千百十元角分	贷方金额 千百十万千百十元角分
	合　　计				

财会主管　　　　　　复核　　　　　　记账　　　　　　制单

转 账 凭 证

总 号	
分 号	

年　　月　　日　　　　附件　　　张

摘要	一级科目	二级明细科目	过账	借方金额 千百十万千百十元角分	贷方金额 千百十万千百十元角分
	合　　计				

财会主管　　　　　　复核　　　　　　记账　　　　　　制单

总分类账

年		凭证		摘要	对方科目	页数	借方金额										贷方金额										借或贷	余额									
月	日	种类	号数				亿	千	百	十	万	千	百	十	元	角	分	亿	千	百	十	万	千	百	十	元	角	分		亿	千	百	十	万	千	百	十	元	角	分

会计科目 _____

库存现金日记账

年		凭证		摘要	对方科目	√	借方金额									贷方金额									结余金额								
月	日	种类	号数				千	百	十	万	千	百	十	元	角	分	千	百	十	万	千	百	十	元	角	分	千	百	十	万	千	百	十	元	角	分

银行存款日记账

年		凭证		支票号码	摘要	对方科目	收入（借方）金额											付出（贷方）金额											结余金额										
月	日	种类	号数				亿	千	百	十	万	千	百	十	元	角	分	亿	千	百	十	万	千	百	十	元	角	分	亿	千	百	十	万	千	百	十	元	角	分

三栏式明细分类账

二级科目编号及名称

年		凭证		摘要	对方科目	页数	借方金额 億千百十万千百十元角分		借或贷	贷方金额 億千百十万千百十元角分 总第 页		余额 億千百十万千百十元角分 总第 页		✓ 页
月	日	种类	号数					✓			✓			

材料采购明细账

总第_____页 分第_____页
_____级科目编号及名称_____

年	凭证		摘要	材料名称及规格	计量单位	数量	发票金额										运杂费									转出									余额								
月 日	种类	号数					千	百	十	万	千	百	十	元	角	分	千	百	十	万	千	百	十	元	角	分	千	百	十	万	千	百	十	元	角	分	千	百	十	万	千	百	十	元	角	分

数量金额式明细分类账

存储地点＿＿＿＿＿　最高存量＿＿＿＿＿　最低存量＿＿＿＿＿　计量单位＿＿＿＿＿　货名＿＿＿＿＿　总页＿＿＿＿＿　分页＿＿＿＿＿

凭证		摘要	收入（借方）			发出（贷方）			结存		
年 月 日	种类 号数		数量	单价	金额 千百十万千百十元角分	数量	单价	金额 千百十万千百十元角分	数量	单价	金额 千百十万千百十元角分

多栏式明细账

……级科目
……级科目

应交增值税

注：本页为应交增值税明细账左半页

年	凭证号数	摘要	借方				贷方		
月 日			进项税额 百十万千百十元角分	已交税费 百十万千百十元角分	销项税额抵减 百十万千百十元角分		销项税额 百十万千百十元角分	减免税款 百十万千百十元角分	出口抵减内销产品应纳税额 百十万千百十元角分

明细账

借方									贷方																		方向	余额							
转出未交增值税								合计									销项税额								进项税额转出							出口退税								转出多交增值税								合计																	
百	十	万	千	百	十	元	角	分	百	十	万	千	百	十	元	角	分	百	十	万	千	百	十	元	角	分	百	十	万	千	百	十	元	角	分	百	十	万	千	百	十	元	角	分	百	十	万	千	百	十	元	角	分		百	十	万	千	百	十	元	角	分

科 目 汇 总 表

年　月　日至　月　日

编号：		附件共　　张	
记账凭证	收款	第　号至　号共　张	
	付款	第　号至　号共　张	
	转账	第　号至　号共　张	

| 会计科目 | 本期发生额汇总 || 会计科目 | 本期发生额汇总 ||
	借方	贷方		借方	贷方
	千百十万千百十元角分	千百十万千百十元角分		千百十万千百十元角分	千百十万千百十元角分

财会主管　　　　　记账　　　　　复核　　　　　制表

资产负债表

会企 01 表

编制单位：　　　　　　　　　　年　月　日　　　　　　　　　单位：元

资产	期末余额	上年年末余额	负债和所有者权益（或股东权益）	期末余额	上年年末余额
流动资产：			流动负债：		
货币资金			短期借款		
以公允价值计量且其变动计入当期损益的金融资产			以公允价值计量且其变动计入当期损益的金融负债		
衍生金融资产			衍生金融负债		
应收票据			应付票据		
应收账款			应付账款		
预付款项			预收款项		
其他应收款			应付职工薪酬		
存货			应交税费		
持有待售资产			其他应付款		
一年内到期的非流动资产			持有待售负债		
其他流动资产			一年内到期的非流动负债		
流动资产合计			其他流动负债		
非流动资产：			流动负债合计		
可供出售金融资产			非流动负债：		
持有至到期投资			长期借款		
长期应收款			应付债券		
长期股权投资			其中：优先股		
投资性房地产			永续债		
固定资产			长期应付款		
在建工程			预计负债		
生产性生物资产			递延收益		
油气资产			递延所得税负债		
无形资产			其他非流动负债		
开发支出			非流动负债合计		
商誉			负债合计		
长期待摊费用			所有者权益（或股东权益）：		
递延所得税资产			实收资本（或股本）		
其他非流动资产			其他权益工具		
非流动资产合计			其中：优先股		
			永续债		
			资本公积		
			减：库存股		
			其他综合收益		
			专项储备		
			盈余公积		
			未分配利润		
			所有者权益（或股东权益）合计		
资产总计			负债和所有者权益（或股东权益）总计		

利 润 表

会企 02 表

编制单位：　　　　　　　　　　年　月　日　　　　　　　　　单位:元

项　目	本期金额	上期金额
一、营业收入		
减:营业成本		
税金及附加		
销售费用		
管理费用		
研发费用		
财务费用		
其中:利息费用		
利息收入		
加:其他收益		
投资收益(损失以"－"号填列)		
其中:对联营企业和合营企业的投资收益		
公允价值变动收益(损失以"－"号填列)		
资产减值损失(损失以"－"号填列)		
资产处置收益(损失以"－"号填列)		
二、营业利润(亏损以"－"号填列)		
加:营业外收入		
减:营业外支出		
三、利润总额(亏损总额以"－"号填列)		
减:所得税费用		
四、净利润(净亏损以"－"号填列)		
(一)持续经营净利润(净亏损以"－"号填列)		
(二)终止经营净利润(净亏损以"－"号填列)		
五、其他综合收益的税后净额		
(一)不能重分类进损益的其他综合收益		
1.重新计量设定受益计划变动额		
2.权益法下不能转损益的其他综合收益		
……		
(二)将重分类进损益的其他综合收益		
1.权益法下可转损益的其他综合收益		
2.可供出售金融资产公允价值变动损益		
3.持有至到期投资重分类为可供出售金融资产损益		
4.现金流量套期损益的有效部分		
5.外币财务报表折算差额		
……		
六、综合收益总额		
七、每股收益:		
(一)基本每股收益		
(二)稀释每股收益		

现 金 流 量 表

会企 03 表

编制单位： 　　　　　　　　　　年　　月　　日 　　　　　　　　　　单位：元

项　目	本期金额	上期金额
一、经营活动产生的现金流量：		
销售商品、提供劳务收到的现金		
收到的税费返还		
收到其他与经营活动有关的现金		
经营活动现金流入小计		
购买商品、接受劳务支付的现金		
支付给职工以及为职工支付的现金		
支付的各项税费		
支付其他与经营活动有关的现金		
经营活动现金流出小计		
经营活动产生的现金流量净额		
二、投资活动产生的现金流量：		
收回投资收到的现金		
取得投资收益收到的现金		
处置固定资产、无形资产和其他长期资产收回的现金净额		
处置子公司及其他营业单位收到的现金净额		
收到其他与投资活动有关的现金		
投资活动现金流入小计		
购建固定资产、无形资产和其他长期资产支付的现金		
投资支付的现金		
取得子公司及其他营业单位支付的现金净额		
支付其他与投资活动有关的现金		
投资活动现金流出小计		
投资活动产生的现金流量净额		
三、筹资活动产生的现金流量：		
吸收投资收到的现金		
取得借款收到的现金		
收到其他与筹资活动有关的现金		
筹资活动现金流入小计		
偿还债务支付的现金		
分配股利、利润或偿付利息支付的现金		
支付其他与筹资活动有关的现金		
筹资活动现金流出小计		
筹资活动产生的现金流量净额		
四、汇率变动对现金及现金等价物的影响		
五、现金及现金等价物净增加额		
加：期初现金及现金等价物余额		
六、期末现金及现金等价物余额		

现金流量表（补充资料）

编制单位：_____　　_____年度　　　　　　　　单位：元

补充资料	本期金额	上期金额
1. 将净利润调节为经营活动现金流量：		
净利润		
加：资产减值准备		
固定资产折旧、油气资产折耗、生产性生物资产折旧		
无形资产摊销		
长期待摊费用返销		
处置固定资产、无形资产和其他长期资产的损失（收益以"－"号填列）		
固定资产报废损失（收益以"－"号填列）		
公允价值变动损失（收益以"－"号填列）		
财务费用（收益以"－"号填列）		
投资损失（收益以"－"号填列）		
递延所得税资产减少（增加以"－"号填列）		
递延所得税负债增加（减少以"－"号填列）		
存货的减少（增加以"－"号填列）		
经营性应收项目的减少（增加以"－"号填列）		
经营性应付项目的增加（减少以"－"号填列）		
其他		
经营活动产生的现金流量净额		
2. 不涉及现金收支的重大投资和筹资活动：		
债务转为资本		
一年内到期的可转换公司债券		
融资租入固定资产		
3. 现金及现金等价物净变动情况：		
现金的期末余额		
减：现金的期初余额		
加：现金等价物的期末余额		
减：现金等价物的期初余额		
现金及现金等价物净增加额		

所有者权益变动表

编制单位：　　　　　　　　　　　　　　　　　　　　年度　　　　　　　　　　　　　　　　　　　　会企04表
单位：元

项目	本年金额										上年金额									
	实收资本（或股本）	其他权益工具		资本公积	减：库存股	其他综合收益	专项储备	盈余公积	未分配利润	所有者权益合计	实收资本（或股本）	其他权益工具		资本公积	减：库存股	其他综合收益	专项储备	盈余公积	未分配利润	所有者权益合计
		优先股	永续债									优先股	永续债							
一、上年年末余额																				
加：会计政策变更																				
前期差错更正																				
其他																				
二、本年年初余额																				
三、本年增减变动金额（减少以"-"号填列）																				
（一）综合收益总额																				
（二）所有者投入和减少资本																				
1. 所有者投入的普通股																				
2. 其他权益工具持有者投入资本																				
3. 股份支付计入所有者权益的金额																				
4. 其他																				
（三）利润分配																				
1. 提取盈余公积																				
2. 对所有者（或股东）的分配																				
3. 其他																				
（四）所有者权益内部结转																				
1. 资本公积转增资本（或股本）																				
2. 盈余公积转增资本（或股本）																				
3. 盈余公积弥补亏损																				
4. 设定受益计划变动额结转留存收益																				
5. 其他																				
四、本年年末余额																				

财务指标分析

单位:

指标分类		指标名称	指标计算	指标分析
偿债能力分析	短期偿债能力	流动比率		
		速动比率		
		现金比率		
	长期偿债能力	资产负债率		
		股东权益比率		
		权益乘数		
		产权比率		

指标分类		指标名称	指标计算	指标分析
营运能力分析	流动资产周转情况	应收账款周转率		
		存货周转率		
	固定资产与总资产周转情况	流动资产周转率		
		固定资产周转率		
		总资产周转率		

分类	指标名称	指标计算	指标分析
盈利能力分析	营业利润率		
	成本费用利润率		
	总资产报酬率		
	股东权益报酬率		
	每股收益		
	每股股利		
	每股净资产		

分类	指标名称	指标计算	指标分析
发展能力分析	营业增长率		
	利润增长率		
	总资产增长率		
	资本积累率		

会计综合模拟实验报告

院系＿＿＿＿＿＿＿＿＿
专业＿＿＿＿＿＿＿＿＿
班级＿＿＿＿＿＿＿＿＿
姓名＿＿＿＿＿＿＿＿＿
指导教师＿＿＿＿＿＿
学年学期＿＿＿＿＿＿

20 年 月 日

实验项目		实验日期	年　　月

一、实验目的

二、实验用材料

三、实验内容

四、实验总结

五、成绩与评语

指导教师签字：